14,95

DON BOSCO

Gewidmet den drei Urgroßeltern
und meinem Enkelkind Tabea Elisa.
Die Generationenfolge zu erleben, ist eine
wunderbare Erfahrung und ein großes Glück.
Meinem Mann danke ich für sein geduldiges Zuhören
und die vielfältige Unterstützung.

Irmgard M. Burtscher

Mit allen Sinnen draußen und drinnen

Elementare Erfahrungen in Krippe, Kita und Eltern-Kind-Gruppen

DON BOSCO

Gerne nehmen wir Ihre Anregungen, Wünsche, Kritik oder Fragen entgegen:
Don Bosco Medien GmbH, Sieboldstraße 11, 81669 München
Servicetelefon: 089 / 48008-341

Bibliografische Information der Deutschen Nationalbibliothek
Die Deutsche Nationalbibliothek verzeichnet diese Publikation in der Deutschen Nationalbibliografie; detaillierte bibliografische Daten sind im Internet über http://dnb.d-nb.de abrufbar.

1. Auflage 2011 / ISBN 978-3-7698-1854-3

www.donbosco-medien.de
Umschlag und Layout: ReclameBüro, München
Illustrationen: Eva Gnettner
Satz: Don Bosco Kommunikation GmbH, München
Druck: Don Bosco Druck & Design, Ensdorf

Gedruckt auf umweltfreundlichem Papier

Inhalt

Vorwort

Im Laufe der letzten Jahre äußerten Pädagoginnen in meinen Fortbildungen zum Thema: „Forschen und Tüfteln im Kindergarten" immer öfter den Wunsch, ich solle doch auch auf „Forschen und Tüfteln" mit Kindern unter drei Jahren eingehen. So entstand allmählich eine Sammlung von Ideen und Beispielen für die Begleitung der Kleinsten, abgeleitet davon, wie Kindergartenkinder die Welt entdecken, und mit einem Schwerpunkt auf dem sinnlichen Erleben. Aber kann die Pädagogik für Kinder im zweiten und dritten Lebensjahr von der Kindergartenpädagogik „abgeleitet" werden? – Nein, denn Pädagogik für Kinder unter drei Jahren ist etwas völlig anderes. Natürlich lernen Kinder mit allen Sinnen. Schon bei den Kleinsten ist das Greifen, die taktile Erfahrung, die Voraussetzung für das Be-Greifen. Doch müssen die sinnlichen Erfahrungen eingebettet sein in ein pädagogisches Konzept. Daher entfalte ich in diesem Buch zunächst Grundzüge einer Pädagogik für Kinder unter drei Jahren, die dann an vielen praktischen Beispielen veranschaulicht werden. Sämtliche Angebote, Erkundungen, Beobachtungsmöglichkeiten, Spiele, Reime, die Begleitung von Interessen und Entwicklungsaufgaben, die hier vorgestellt werden, sind aus der praktischen Arbeit mit Kindern unter drei Jahren erwachsen und haben schwerpunktmäßig die Bildung von Kindern im zweiten und dritten Lebensjahr im Blick.

Ich freue mich, wenn mein Buch über elementare Erfahrungen von Kindern im Krippenalter für Sie, liebe Leserinnen und Leser, sowohl Denkanstöße auf theoretischer Basis bereithält als auch – und vor allem – Ihrer Praxis viele Impulse geben kann. Denn die Jüngsten brauchen unsere vereinten Anstrengungen! Sie haben ein Recht auf einen guten Start ins Leben!

Irmgard M. Burtscher

Pädagogik für Kinder unter drei Jahren

Rahmenkonzept für die institutionelle Bildung und Betreuung der Jüngsten

Braucht es eine „eigene“ Pädagogik der Unter-Dreijährigen? – Davon bin ich überzeugt. Denn immer mehr Kinder unter drei Jahren verbringen viel Zeit außerhalb ihrer Familie. Die Begleitung dieser Altersgruppe ist ein neuer Bereich in der pädagogischen Landschaft. Diese Begleitung muss definiert und beschrieben werden. Es braucht einen gut durchdachten pädagogischen Gesamtrahmen, in dem dann praktische Tipps für den Alltag, Anregungen für Lieder, Geschichten und Spiele, für eine individualisierte, entwicklungsfördernde Raum- und Materialausstattung, liebevolle Pflegehandlungen und persönliche, jede Familie in ihrer Einzigartigkeit abholende Konzepte für Eingewöhnung, Beziehungsaufbau und Beziehungspflege einen schlüssigen Platz finden.
Wir müssen uns dringend mit einem Gesamtkonzept für die Bildung der Jüngsten auseinandersetzen. Gegenwärtig stecken wir noch in den Anfängen mit unseren Überlegungen, Kindern und ihren Familien in so frühen Jahren in einem institutionellen Rahmen gerecht zu werden und auch die nötigen Voraussetzungen dafür einzufordern.

Wie kann also eine Pädagogik für Kinder unter drei Jahren konkret aussehen? Leichter ist es zu definieren, was diese Pädagogik nicht ist. Sie hat nichts mit Babysitten zu tun und ist etwas völlig anderes als Kindergartenpädagogik, es ist auch keine „vereinfachte Form“ davon. Genausowenig ist sie eine irgendwie geartete Sinnesschulung, auch wenn Kinder immer mit allen Sinnen lernen. Doch was kennzeichnet sie dann?

Individualisierte Pädagogik der erhöhten Aufmerksamkeit

Pädagogik für Kinder unter drei Jahren, wie ich sie verstehe, ist eine „Individualisierte Pädagogik der erhöhten Aufmerksamkeit“. Was bedeutet das? – Drei Gedanken sollen diese Pädagogik näher beschreiben:

1. Bedürfnisse und Interessen des Kindes als Ausgangspunkt

Die aktuellen Bedürfnisse eines Kindes, seine Interessen, seine Tagesverfassung, alles, was seine Aufmerksamkeit im Hier und Jetzt auf sich zieht (z. B. Kleintiere, siehe Seite 77f), steht im Zentrum pädagogischer Bemühungen. Die Pädagogin signalisiert dem Kind: „Das was du brauchst, was dir auffällt, was dich interessiert, ist mir wichtig!"

2. Bildungsmomente im Alltag

Andererseits bietet der Alltag eine Fülle an Bildungsmomenten, um zu verweilen. In Bildungsmomenten kann an Erfahrungen, die Kinder schon gemacht haben, angeknüpft werden (z. B. „Nass und trocken" siehe Seite 37f, oder „Hell und dunkel", siehe Seite 54f) Diesen Bildungsmomenten sollte die Pädagogin ihre erhöhte Aufmerksamkeit widmen und das Kind ermuntern: „Schau, das könnte dich interessieren!" Ein Kind kann sich daran gewöhnen, von seiner Pädagogin auf interessante Weltausschnitte aufmerksam gemacht zu werden.

3. Experimentelles, dynamisches und reflektiertes Vorgehen auf der Basis von Beobachtungen

Die Pädagogin muss immer abtasten und ausprobieren. Welche Erfahrungsmöglichkeiten stellt sie – auf der Grundlage von Beobachtungen – einem Kind bereit (z. B. „Das Gesicht", siehe Seite 30)? Wie begründet sie die Auswahl? Was denkt sie, welche Erfahrungen ein Kind machen soll? Warum findet sie diese Erfahrung wichtig für dieses Kind? Was vermutet sie, wie ein Kind auf ein speziell für es ausgewähltes Angebot reagieren wird? Wie reagiert es dann wirklich darauf und welche Schlüsse zieht die Pädagogin daraus wieder, um möglicherweise einen nächsten Entwicklungsschritt anzuregen? Eine hochkomplexe Arbeit, die Ruhe, Fachwissen, Austausch (mit den Eltern und dem Team) und Zeit benötigt!

Pädagogik für Kinder unter drei Jahren ist also gekennzeichnet durch Ausprobieren, Abwarten, Beobachten und Schlussfolgern. Sie ist eine experimentelle Pädagogik, weil individualisiert, und weil jedes Kind, an jedem Punkt seiner rasanten Entwicklung ständig eine neu abgestimmte Begleitung braucht. Sie ist eine dynamische Pädagogik für Menschen mit hohem Reflexionsvermögen.

Die erhöhte Aufmerksamkeit richtet sich also darauf,
1. was ein Kind aus eigenem Antrieb entdeckt,
2. was der Alltag an Anregungen bereithält und
3. wie ein Kind auf Einladungen der Pädagogin, einen bestimmten Weltausschnitt genauer anzuschauen, reagiert.

Lerngrundhaltungen des Kindes

Welcher Eindruck für ein Kind im 2. und 3. Lebensjahr persönliche Bedeutung hat, das erkennt die Pädagogin an den so genannten Lerngrundhaltungen. Das Konzept der Lerngrundhaltungen habe ich bereits 2001 in meiner Dissertation für den Kindergartenbereich entwickelt und damit später in Fortbildungen und in anderen Zusammenhängen gearbeitet. Dieses Konzept lässt sich auch auf die Bildung der Kinder im zweiten und dritten Lebensjahr übertragen.

Für die Pädagogin ist es wichtig zu erkennen, welcher Ausschnitt der Welt die Aufmerksamkeit eines Kindes auf sich zieht. Die genaue Beobachtung gibt Aufschluss über persönliche Vorlieben, individuelle Interessen und Begabungen und darüber, wo ein Kind in seiner Entwicklung steht und wo die pädagogische Begleitung ansetzen soll.

Welche Lerngrundhaltungen zeigen Kinder im zweiten und dritten Lebensjahr? Auf einige möchte ich hier besonders eingehen:

Das Kind ist weltoffen

Ein gesundes Kind, das sich wohl fühlt, geht neugierig auf die Umgebung zu. Weltoffen nimmt es eine Vielzahl an Eindrücken auf.

Staunen und gerichtete Aufmerksamkeit

Das Kind sucht sein Umfeld ab. Dann hält es an einem Punkt inne, blickt gebannt auf einen Weltausschnitt. Es wundert sich über etwas. Es richtet kurze Zeit seine Aufmerksamkeit beispielsweise auf einen herumliegenden Gegenstand, ergreift und erkundet ihn.

Neugier

Alles Neue wird mit besonderer Aufmerksamkeit studiert und mit Hilfe gezielter Untersuchungen erkundet. Kinder sind neu-gierig im wahrsten Sinn des Wortes. Denn Neues übt auf ein Kind eine besondere Anziehungskraft aus. Die Neugier auf interessante Weltausschnitte anzustacheln und dann zu beobachten, wie Kinder etwas Neues erkunden, um daraus wieder Schlüsse zu ziehen, dies gehört zum Handwerkszeug von Pädagogen.

Begeisterungsfähigkeit

Die Kinder entdecken im Garten Regenwürmer und Asseln. Begeistert machen sie sich auf die Suche nach weiteren Kleintieren. Begeisterung ist ansteckend und Motor für weiterführende Aktionen.

Fakten sammeln und Schlüsse ziehen

Die Kinder finden Kleintiere unter Steinen und Holzstücken, andere krabbeln auf Blättern und auf der Erde. Sie ziehen daraus den Schluss: Manche Tiere leben unter Steinen, manche auf Blättern.

Beharrlichkeit

Beharrlichkeit zeigt sich, wenn Kinder an einer Sache dranbleiben, immer wieder, über Tage und Wochen von einem Thema fasziniert sind. So kommt die zweieinhalbjährige Tina mit ihren Spielautos regelmäßig zur Pädagogin, zeigt sie ihr ausführlich, fordert eindringlich ihre Aufmerksamkeit und erzählt, was sie über Autos weiß. Beharrlichkeit und Interessiert-sein gehören zusammen.

Interesse

Kehrt ein Kind immer und immer wieder zurück zu einem bestimmten Ort, Ausblick, Gegenstand, Buch oder Lied, Naturphänomen oder einer Tätigkeit, fordert es vehement und wiederholt die Bereitstellung von immer gleichen Materialien, Ereignissen, Erlebnissen ein und beschäftigt sich dann intensiv damit, die Welt um sich herum vergessend, so hat das Kind ein Interesse an dieser Sache entwickelt. Interessen erkennen und pflegen ist eine Pflichtaufgabe für alle Pädagogen! Denn Interessen fördern steht mit individualisierter Pädagogik und Persönlichkeitsbildung in engem Zusammenhang.

Nachahmen

Kleinkinder lernen über Beobachten und Nachahmen. Jede Handlung, jede Geste und jeder Gesichtsausdruck eines Vor-Bildes wird intensiv beobachtet, studiert und nachgeahmt. Kinder beobachten Erwachsene und andere Kinder und sind beeindruckt. Sie wollen so sein und so handeln wie beispielsweise die Pädagogin. Das geht ohne Worte, das Tun imponiert. Das Vorbild zeigt einen Weg vor, wie etwas bewerkstelligt werden kann.

Nachahmung

Wen ahmt ein Kind in Krippe, Kita, Eltern-Kind-Gruppe oder bei der Tagesmutter nach? Wer ist sein Vorbild? Welche Tätigkeiten von Erwachsenen und anderen Kindern imponieren dem Kind so, dass es sie nachmachen möchte? Nachahmung ist eine hochwirksame Lerngrundhaltung von Kindern unter drei Jahren! Für die Pädagogin bedeutet das, intensiv zu beobachten, was ein Kind an anderen Kindern und Erwachsenen nachahmenswert findet. Und sie kann ihrerseits bewusst Akzente setzen. Eine Alltagshandlung vormachen, beispielsweise wie eine Puppe fürsorglich gehalten, wie ein Brot gestrichen oder wie ein Glas Wasser mit äußerster Achtsamkeit eingeschenkt werden kann. Auch einen höflichen Umgangston zu pflegen, gehört zur Grundausstattung von Pädagogen! Die Pädagogin muss sich ihrer Vor-Bild-Funktion immer bewusst sein. Das erfordert eine hohe Reflexionsfähigkeit bezüglich ihres eigenen Verhaltens. Sie muss sich immer wieder fragen: Wie wirke ich durch meine Person und mein Tun auf die Kinder?

Die Welt kennenlernen – Praktische Beispiele

Elementare Erfahrungen der Unter-Dreijährigen beziehen sich auf Naturphänomene, wie zum Beispiel Wasser, Licht und Temperatur oder auf gegensätzliche Sinneserfahrungen, wie warm und kalt, hell und dunkel, nass und trocken, die sich draußen und drinnen erleben und beobachten lassen. Aber auch Grunderfahrungen rund um soziale Beziehungen, wie Ankommen und Begrüßen oder die Tatsache, dass vertraute Personen da sind und auch weggehen, lassen sich als Bildungsmomente nutzen, bewusst beobachten oder im Spiel erkunden und vertiefen.

Die im Folgenden zusammengestellten praktischen Beispiele zu elementaren Grunderfahrungen werden jeweils mit einem kurzen Text eingeführt, der die Bedeutung des Themas für das Kind erläutert. Daran anknüpfend finden sich Spiele, Beobachtungen, Ideen für Bildungsmomente, weitere Alltagserfahrungen und Erkundungsmöglichkeiten sowie Angaben zu den benötigten Materialien. Außerdem mache ich Vorschläge, wie die Erfahrungen der Kinder mit Worten, kleinen Merkreimen oder „Gesang“ begleitet werden können. Singen und Sprechen fördern das bewusste Erleben und vertieft Lernprozesse nachhaltig. Neben den praktischen Beispielen finden sich zwischen den Ausführungen immer wieder thematische „Inseln“ mit Zusatzinformationen und kleinen Geschichten, die einen besonderen Aspekt der Bildungsarbeit hervorheben. Die im Text ab und zu eingestreuten Geschichten aus der Krippe stammen von meinen Aufenthalten in der Kinderkrippe Spatzennest in Penzberg. Den Pädagoginnen dort danke ich sehr für ihre Bereitschaft, dass sie mir einen Einblick in den Alltag in ihrer Krippe ermöglicht haben.

Methodische Hinweise

Anzahl der Kinder

Sämtliche Angebote in diesem Buch können mit einzelnen Kindern oder in einer kleinen Gruppe (drei bis vier Kinder) durchgeführt werden.

Zeitpunkt

Die Vorschläge lassen sich entweder spontan ins Alltagsgeschehen einbauen, wann immer es sich ergibt, oder können – besonders bei Kindern im dritten Lebensjahr – als kurze geplante Aktionen angeboten werden.

Ort

Elementare Erfahrungen können im Garten, im Waschraum, im Gruppenraum, im Bewegungsraum und überall im Freien gemacht und begleitet werden. Bildung im zweiten und dritten Lebensjahr ist an keinen Ort oder Zeitpunkt gebunden!

Draußen und Drinnen – Spiele mit unterschiedlicher Perspektive

Kinder finden draußen immer etwas für sie Interessantes. In Fortbildungen schicke ich die Teilnehmerinnen – Eltern-Kind-Spielgruppenleiterinnen, Tagesmütter und Krippenpädagoginnen – gerne ins Freie. Sie erhalten die Aufgabe, die Umgebung mit den Augen der Kinder zu betrachten und zu überlegen, was diese spontan interessant finden könnten. Was könnte die Kinder magisch anziehen? Und was machen Kinder mit den Dingen, die sie interessant finden? Wenn wir dann wieder zusammenkommen und uns austauschen, sind sich alle einig: Kinder finden draußen immer etwas für sie Interessantes! Als Beispiele werden genannt: Auf einen abgeschnittenen Stamm klettern und herumturnen oder sich hinter einem Gebüsch verstecken. Eine freie Grasfläche fordert die Kinder zum Laufen auf. Eine Baumrinde befühlen und betrachten. Ein Abwassergitter untersuchen, Dinge hineinwerfen und ausprobieren, was hindurchpasst. Eine abschüssige Einfahrt für Laufspiele nutzen oder um Dinge ins Rollen zu bringen. Treppen hinauf- und hinunterlaufen. Eine Ansammlung von Ameisen beobachten. Sammeln, was herumliegt: Steine, Blätter, Tannenzapfen, Ahornsamen ... Kinder wollen aber nicht nur sammeln, sie wollen die Dinge auch in die Hand nehmen und untersuchen. Es gibt so vieles, was die Aufmerksamkeit der Kinder auf sich zieht, zahlreiche Gelegenheiten für Bildungsmomente, die von den Erwachsenen begleitet und unterstützt werden können!

Die Perspektive wechseln
Im Titel dieses Buches steht „draußen“ zu Recht vor „drinnen“. Sinnliche Erfahrungen sind draußen intensiver und kontrastreicher. Kinder erleben draußen eine andere Wirklichkeit als in den geschlossenen Räumen. Und Kinder genießen und brauchen authentische Erlebnisse in der Natur. Interessant ist aber auch der Wechsel der Perspektive: Drinnen sein und hinausschauen, draußen sein und hineinschauen und die Welt von Draußen hereinholen.

Hinausschauen

Wie sieht die Welt draußen aus? Drei Kinder stehen am Fenster, als ich den Raum betrete. Raben laufen im Garten herum. Ich geselle mich zu den Kindern. Gemeinsam beobachten wir die Vögel. Diese kurzen Bildungsmomente dauern vielleicht nur zehn oder zwanzig Sekunden lang. Einzugehen auf das, was ein Kind im Moment spannend findet, dafür braucht es nicht viel. Es reicht oft, sich dazuzugesellen, gemeinsam etwas zu beobachten. Vielleicht erfährt man, was ein Kind interessiert? Den Moment kann die Erzieherin durch eine Frage, einen Hinweis bereichern. Es geht in erster Linie darum, zu warten und zu beobachten: Was kommt jetzt? Wie reagiert das Kind darauf? Ein Platz am Fenster eignet sich besonders dafür.

Hineinschauen

Die andere Gruppe ist schon im Garten. Wir sind noch im Raum. Ein Kind der anderen Gruppe bleibt draußen stehen und schaut herein. „Was machen die anderen Kinder im Zimmer?" – Das Kind dunkelt mit den Händen die Fensterscheibe ab, damit es die Kinder drinnen besser sehen kann. „Wo sind die anderen Kinder? Wie sieht die Welt drinnen aus, wenn ich draußen bin?" Die Pädagogin zeigt auf das Kind draußen und sagt: „Das ist doch Eva". Sie winkt. Ein Kind läuft zu Eva. Nur das Fenster trennt die beiden Kinder. Ein Kind drinnen, ein Kind draußen.

Die Welt von draußen hereinholen

Es ist Winter. Wir sitzen im warmen Raum. Die Pädagogin öffnet das Fenster zum Lüften. Eiskalte Luft strömt herein. Was für ein sinnliches Erlebnis! Kann man den Hauch sehen? Die Fenster sind beschlagen! Die Kinder malen Punkte und Striche auf die Fensterscheibe. Die Kinder und Pädagoginnen frösteln leicht. Wie fühlt sich kalte Luft an? Es geht darum, Alltagsmomente aus der Situation heraus bewusst wahrzunehmen, sooft sich die Gelegenheit dazu bietet.

Von draußen hereinkommen

Von draußen hereinkommen ist für ein Kind bereits eine vertraute Situation. Geht es mit seinen Eltern auf Familienbesuch, kommt es von draußen herein und wird herzlich begrüßt: Lachen, Küsse, Stimmengewirr ... Intimitäten werden ausgetauscht, das Kind mittendrin. Es ist Zentrum der Aufmerksamkeit, wird herumgereicht, angesprochen, angelächelt ... Eine hohe Konzentration sozialen Lernens, eine Fülle an situationsbedingten und kulturspezifischen Verhaltensweisen und eine höchst spannende Erfahrung für das Kind. Es nimmt eine →

Vielzahl von Sinneseindrücken wahr, registriert Tonfall, Gestik, Mimik, Körperwärme, Gerüche, Wiedersehensfreude, Vertrautheit – ein kleiner sinnlicher und emotionaler „Überfall“.
Und wie wird dagegen das Hereinkommen in der Krippe und Kita gestaltet? Das kleine Kind wechselt vom Arm der Eltern auf den Arm der Pädagogin. Es ist ein weit sachlicheres Ankommen. Das ist für viele Kinder eine neue Erfahrung.

Ha, ha, ha, die Sonja kommt

Kinder beobachten intensiv, wie Menschen miteinander umgehen. Von Draußen hereinkommen ist ein besonders sensibler Moment. In Krippe und Kita entstehen beim Kind erste Vorstellungen, wie Menschen außerhalb der Familie Kontakt aufnehmen. Deshalb sollte die Ankunft eines jeden Kindes (und seiner Begleitpersonen) jeden Tag besondere Beachtung finden. Im Spiel kann dieser alltägliche Augenblick nachempfunden und vertieft werden.

Ein Kind kommt ins Zimmer herein. Das Kind wird singend begrüßt:

Ha, ha, ha, die Sonja *(Name des Kindes)* kommt,
die Sonja kommt, die Sonja kommt,
ha, ha, ha, die Sonja kommt,
die Sonja ist schon da *(bei „da“ klatschen)*.

Ha, ha, ha, der Teddy kommt

Material: Teddy, Puppe
Der Teddy wird singend begrüßt:

Ha, ha, ha, der Teddy *(oder Name der Puppe)* kommt,
der Teddy kommt, der Teddy kommt,
ha, ha, ha, der Teddy kommt,
der Teddy ist schon da *(bei „da" klatschen)*.

Da sein und weg sein – Spiele um Vertrautes und Veränderung

Freundliche Gesichter beugen sich über den Kinderwagen. Dann sind sie wieder weg. Und schon sind sie wieder da! Immer die gleichen, vertrauten Gesichter. Die Eltern sind da und nicht da. Wo sind sie, wenn sie nicht da sind? – Diese Frage stellen sich Kinder in den ersten Monaten natürlich nicht. Aber sie erleben eindringlich, dass ein und derselbe Eindruck immer wieder kommt, ob das nun ein bekanntes Gesicht ist oder ein Gegenstand oder eine Wohnumgebung mit Bildern, Möbeln, Vorhänge mit Mustern, die alle schon wiederholt im Blickfeld waren und dann auch wieder nicht da sind.

Vertrautes ist da und nicht da
Gesichter und Objekte werden durch wiederholte Wahrnehmung vertraut. Und dieses Vertraute ist da und nicht da, eine elementare und faszinierende Erfahrung von Kindern im ersten Lebensjahr. Diese Grunderfahrung kann im Alltag immer wieder bewusst wahrgenommen, aufgegriffen, vielseitig spielerisch erkundet und durch Impulse der Erwachsenen erweitert und verarbeitet werden.

Ich bin da, ich bin nicht da

Material: Schrank
Die schon vertraute Pädagogin ist da, die Kinder können sie sehen. Sie stellt sich hinter einen Schrank, die Kinder können sie nicht mehr sehen, dann kommt sie wieder hinter dem Schrank hervor, sie ist wieder da. Mehrmals wiederholen und mit Gesang begleiten.

Ich bin da, *(dann hinter den Schrank stellen)*
ich bin nicht da, *(dann hinter dem Schrank hervortreten)*
jetzt bin ich wieder da,
hurra! *(klatschen)*

Variante: Ein Kind stellt sich hinter einen Schrank, die anderen Kinder können es nicht mehr sehen (Vorsicht, nicht alle Kinder mögen das!). Das Kind kommt hinter dem Schrank wieder hervor.

Susi *(Name des Kindes)* ist da, *(Susi geht hinter den Schrank)*
Susi ist nicht da, *(Susi tritt hinter dem Schrank hervor)*
jetzt ist Susi wieder da,
hurra! *(klatschen)*

Wo ist Mia?

Nach der Melodie von „Bruder Jakob" singen die Kinder mit der Pädagogin, während ein Kind hinter einem Schrank oder einem Raumteiler steht:

Wo ist Mia, wo ist Mia?
Weiß ich nicht, weiß ich nicht.
(Mia kommt hinter dem Schrank hervor, eventuell mit Hilfe der Pädagogin)
Ei, da kommt die Mia, ei, da kommt die Mia,
Mia ist da, Mia ist da – Hurra! (klatschen)

Unter dem Tuch

Material: (Transparentes) Tuch, verschiedene Gegenstände, Foto der Mama
Die Pädagogin deckt sich vor den Kindern mit einem transparenten Tuch zu und zieht es wieder weg. Das Spiel wird jeweils mit (Sprech-)Gesang begleitet.

Ich bin da, *(mit Tuch zudecken, unter dem Tuch sprechen)*
jetzt bin ich nicht mehr da, *(Tuch wegziehen)*
jetzt bin ich wieder da. Hurra!

Spielvarianten:

- Die Kinder decken die Pädagogin mit dem Tuch zu und ziehen das Tuch gemeinsam wieder weg.
- Welches Kind mag sich von der Pädagogin mit dem Tuch zudecken lassen? Ein anderes Kind zieht das Tuch wieder weg.
- Ein vertrauter Gegenstand (Ball, Puppe, Auto ...) wird mit dem Tuch zugedeckt.
- Ein Foto der Mama liegt auf dem Tisch und wird zugedeckt (Achtung: Nur wenn ein Kind dazu bereit ist!), dann wird das Tuch wieder weggezogen. Sprechgesang wie oben oder alternativ:

Die Mama ist da. *(Foto zudecken)*
Wo ist die Mama? *(Tuch wegziehen)*
Da ist die Mama!

Ohne die Eltern

Eltern gehen weg und kommen wieder, sie sind da und nicht da. Für Kinder unter drei Jahren bleibt dies schwierig zu verstehen. Wo sind die Eltern, wenn sie nicht da sind? Es gibt viel Neues für die Kinder zu bewältigen in der Zeit, in der die Eltern abwesend sind! Dieses „Weggehen und Wiederkommen der Eltern" und auch wieder den Anschluss zu finden an alte Vertrautheit bedeutet ein Wechselbad an Gefühlen. Es ist eine enorme Entwicklungsaufgabe für das Kind, die es meistern muss. Dies sollte uns stets bewusst sein, wenn wir Kinder in dieser Altersstufe betreuen.

Verstecken und suchen

Das Konzept „Da sein und weg sein" kann erweitert werden zu „Verstecken und suchen". Was erfährt ein Kind beim Verstecken und Suchen? Ein Gegenstand ist da, dann wird er von jemandem versteckt, es weiß nicht wo, der Gegenstand ist auf jeden Fall nicht mehr da. Wir können gemeinsam auf die Suche gehen. Wo könnte er nur sein? Wir schauen da und dort, da ist er nicht und dort auch nicht. Die Spannung wächst. Vielleicht ist er unter dem Sandkübel? Da ist es ja! – Dieser Ablauf ist für Kinder unter drei Jahren eine hochkomplexe Handlung.

Wo ist denn ...?

Material: Verschiedene Gegenstände

Gegenstände können draußen und drinnen mit Kindern versteckt und von anderen Kindern (mit Hilfe der Erzieherin) gesucht werden.

Die Kinder können sich selbst verstecken und anschließend suchen lassen. Je jünger die Kinder, desto überschaubarer muss die räumliche Situation sein.

Sich verstecken und entdeckt werden

Sich verstecken und entdeckt werden übt auf Kinder einen großen Reiz aus. Sie stehen unter emotionaler Hochspannung. Wie oft spielen Eltern dieses Spiel mit ihrem Kind! Für das Kind bedeutet das Spiel Aufregung – Anspannung – Erlösung. Dieses Spiel setzt eine besondere Beziehungsqualität voraus. Sie ist getragen von Vertrauen und Zuversicht.

Was hat sich verändert?

Wie wird etwas vertraut? Durch wiederholte Wahrnehmung des immer gleichen Gesichtes, der gleichen Umgebung. Spannend wird es für Kinder, wenn an Vertrautem Veränderungen vorgenommen werden, wenn Vertrautes verfremdet wird. Das können Veränderungen sein an Gesichtern, Gegenständen, im Raum oder im Garten. Das Grundprinzip ist immer, von Vertrautem ausgehend, kleine Veränderungen vorzunehmen und wieder rückgängig zu machen.

- Die Pädagogin verändert: Hier ist plötzlich ein Farbpunkt, wo vorher keiner war, dort ziert eine glitzernde Schleife einen Gegenstand. Was ist neu, was ist anders? Die Pädagogin baut kleine Überraschungen in den Alltag ein und beobachtet, ob Kinder Veränderungen von sich aus wahrnehmen oder weist sie durch gezielte Fragen behutsam darauf hin.
- Später wird das Kind Veränderungen bewirken.

Das Gesicht

Ein vertrautes Gesicht spielerisch zu verfremden, macht vielen Kindern Spaß. Kinder sind fasziniert von Gesichtern. Von klein an studieren sie Gesichter. In der Krippe oder Kita werden die vielen neuen Gesichter mit der Zeit vertraut. Sind sie einmal vertraut geworden, dann können sie im Spiel auch ab und zu verändert werden.

Grimassen schneiden

Material: Großer Spiegel

Die Pädagogin schaut gemeinsam mit dem Kind in einen großen Spiegel. Im Spiegel ist das vertraute Gesicht zu sehen. Dann beginnt die Pädagogin ihr Gesicht zu verändern.

- Sie macht große und kleine Augen, rümpft die Nase, verzieht den Mund, runzelt die Stirn ... Das Mienenspiel verändert das vertraute Gesicht der Pädagogin ein wenig.
- Wie sieht ein lachendes, ein trauriges Gesicht aus?
- Wie verändert sich das Gesicht, wenn wir die Zunge herausstrecken oder die Augenbrauen hochziehen?
- Wie sieht das vertraute Gesicht wieder aus, ohne Grimassen schneiden?

Farbpunkte im Gesicht

Material: Schminkfarben, Spiegel
Gemeinsam stehen die Pädagogin und die Kinder vor dem Spiegel. Die Pädagogin malt sich einen roten Punkt auf die Stirn. Wie sieht das Gesicht nun aus? Sie wischt den roten Punkt wieder weg. Dann malt sie einen blauen Punkt auf die Wange. Will ein Kind auch einen roten Punkt auf seiner Stirn? Wenn ja, wie sieht das Kind dann aus?

Meine Sonnenbrille

Material: Verschiedene alte Sonnenbrillen
Wir beobachten, wie sich ein Gesicht verändert, wenn wir eine Brille aufsetzen.

- Mehrmals hintereinander setzen wir eine Sonnenbrille auf und wieder ab.
- Wir probieren verschiedene Sonnenbrillen aus. Welche Sonnenbrille findet das Kind besonders lustig?
- Wir schauen über und unter dem Brillenrand hervor.
- Wir setzen die Brille langsam auf und nehmen sie wieder ab.
- Wir setzen die Brille verkehrt herum auf, mit den Gläsern am Hinterkopf.

Was für eine Überraschung!

Material: Große, bunte Faschingsbrille, Tuch
Die Pädagogin versteckt sich unter einem Tuch. Sie hat, von den Kindern unbemerkt, eine große, bunte Faschingsbrille dabei. Auf „Achtung, fertig, los!“ ziehen die Kinder das Tuch weg. Zum Vorschein kommt die Pädagogin mit Brille. Wie sieht sie denn jetzt plötzlich aus? Wie werden die Kinder reagieren?

Der Brillen-Teddy

Material: Teddybär, Brille

Die Brille wandert im Kreis herum, einmal zur Pädagogin, einmal zum Kind, eventuell zum nächsten Kind, dann zum Teddybär ... Wie sehen wir aus, mit und ohne Brille? Wie sieht denn der Teddybär mit und ohne Brille aus? Dazu singen wir:

Ich bin ich,
mit Brille und ohne Brille.
Du bist du,
mit Brille und ohne Brille.
der Teddybär ist der Teddybär,
mit Brille und ohne Brille.

Veränderungen im Garten

Im Garten gibt es naturbedingt andauernd Veränderungen. Immer gibt es etwas Neues zu entdecken. Die ersten Blumen sprießen, die ersten Blätter fallen ab, eine Regenlache, wo gestern keine war, und dann ist sie wieder weg, Schnecken kriechen herum, wenn es regnet, bei Sonnenschein sehen wir die Schmetterlinge flattern.

Was gibt es Neues?

Jeden Tag kann der Garten gemeinsam abgegangen werden. Was hat sich verändert? Hatte der Baum gestern schon die roten Blätter? Heute krabbelt ein Käfer über die Terrasse. Wo er gestern wohl war? Wird er morgen auch da sein?

Elternarbeit

Ich spreche mit Pädagoginnen über Veränderungen im Garten, und wie spannend es für Kinder ist, Veränderungen tagtäglich neu zu entdecken. Eine Pädagogin berichtet einige Zeit später von ihren Erfahrungen, seit sie jeden Morgen mit ihren Zweijährigen den Garten auf der Suche nach Veränderungen abgeht. Die Eltern loben die Idee und halten sie für einen besonders guten Einfall, um ihr Kind von der Trennung abzulenken. Das Beispiel zeigt jedoch, wie wichtig es ist, Eltern über unsere Arbeit aufzuklären. Der Morgenspaziergang gibt Kindern die Möglichkeit, den Garten intensiv wahrzunehmen und Veränderungen bewusst zu registrieren. Wir müssen den Eltern gegenüber immer wieder die pädagogischen Hintergründe unseres Tuns transparent machen.

Was ist denn da passiert?

Die Pädagogin verändert

Material: Gelbes Band, Tannenzapfen, Straßenkreide, eine rote Rose ...

Veränderungen können auch von der Pädagogin bewusst vorgenommen werden. Den Kindern ist der Garten vertraut. Täglich sind sie draußen. Doch heute ist alles anders. Am Gartenzaun ist ein gelbes Band befestigt, am Baum drei rote Gasluftballons. Im Sandkasten stecken drei Tannenzapfen. Auf der Terrasse sind bunte Kreidepunkte. Auf der Wiese liegt eine rote Rose ...

Was ist denn da passiert? Wie reagieren die Kinder auf diese Veränderungen? Wundern sie sich? Wollen sie mit den Dingen spielen, sie entfernen, sie erkunden ...?

Die Kinder verändern

Material: Bunte Bänder, Luftballons, große Schachteln ...

Ein Kind verändert etwas im Garten und wird von der Pädagogin dabei unterstützt. Ein anderes Kind soll herausfinden, was neu ist.

Veränderungen im Raum

Auch im Raum können Veränderungen vorgenommen werden. Das lässt sich oft leichter bewerkstelligen als Veränderungen im Garten. Die gewohnte Raumordnung umzustellen, kann auch für uns Erwachsene irritierend sein. Wie oft rücken wir verstellte Möbel wieder zurecht? Wir fühlen uns meist wohler, wenn alles an seinem vertrauten Platz steht.

Verkehrte Welt

Material: Gewohnte Dinge im Raum
Mit Ordnung und „Unordnung“ kann bewusst gespielt werden. Bevor die Kinder in den Raum kommen, können vertraute Gegenstände neu arrangiert werden. Sie sind nicht mehr auf ihrem gewohnten Platz: Ein Polster liegt auf dem Fenstersims, Handtücher auf den Stühlen, ein Stuhl steht auf dem Tisch, der Teddybär sitzt neben dem Waschbecken. Wie reagieren die Kinder, wenn sie in den Raum kommen? Bemerken sie die Veränderungen?

Die Pädagogin kann auch fragen: Was ist denn hier los? Wo sitzt denn der Teddy heute? Singend bringen wir zum Ausdruck, was wir beobachten. Sprache, Gesang und Tun der Kinder verschmelzen zu einem Ereignis.

Der Polster liegt auf der Fensterbank – na so was!
Die Handtücher liegen auf den Stühlen – na so was!
Der Stuhl steht auf dem Tisch – na so was!
Der Teddybär sitzt neben dem Waschbecken – na so was!

Auch beim „Ordnung machen“ kann gesungen werden:
Das Polster kommt wieder auf die Matte – prima!
Die Handtücher kommen wieder zum Waschbecken – prima!
usw.

Was macht der Wasserball im Zimmer?

Material: Großer Wasserball, bunte Schachtel, glitzerndes Tuch ...
Ungewohnte kleine und große Dinge verändern den vertrauten Raum: Ein großer Wasserball, eine bunte Schachtel, ein glitzerndes Tuch ... Bemerken die Kinder den neuen Gegenstand? Wundern sie sich? Was machen sie mit ihm?

Wie sieht denn der Teddy aus?

Material: Teddybär, Mütze, Schal, Sonnenbrille ...

Der vertraute Teddybär wird verändert. Der Teddybär hat heute eine Mütze auf. Morgen hat er einen Schal umgebunden. Dann bekommt er eine Sonnenbrille aufgesetzt ... Wie reagieren die Kinder darauf?

Nass und trocken – Spiele rund um das Wasser

Im Mutterleib sind Babys neun Monate lang von Wasser umgeben. Im Fruchtwasser wachsen sie heran, gleich nach der Geburt werden sie abgetrocknet. Dabei erlebt das Neugeborene zum ersten Mal, wie sich „Trocken-Sein" anfühlt. Den Wechsel von Nass-Sein zu Trocken-Werden und Trocken-Sein zu Nass-Werden erfahren Kinder tagtäglich beim Waschen, Spielen, Plantschen. Diese elementaren Erfahrungen können bewusst erkundet werden.

Rubbel, rubbel – plitsch, platsch

Material: Wasser, Handtuch
Wir reiben die trockenen Hände aneinander und spüren, wie sich das anfühlt. Dann werden die Hände nass gemacht und wir reiben die nassen Hände aneinander. Wie fühlt sich nass an? Schließlich werden die Hände abgetrocknet. Jetzt sind sie wieder trocken. Der Vorgang wird mehrmals wiederholt, während wir dazu sprechen oder singen. Wir beobachten, wie das Kind auf diese Erkundungen reagiert. Wollen andere Kinder ebenfalls mitmachen?

Trockene Hände, trockene Hände,
jetzt sind die Hände trocken *(die Handflächen langsam reiben),*
rubbel, rubbel *(die Handflächen schnell aneinanderreiben).*
Nasse Hände, nasse Hände,
jetzt sind die Hände nass *(die Handflächen langsam reiben),*
plitsch, platsch *(in die Hände klatschen).*

Der Schwamm ist nass, der Schwamm ist trocken

Material: Je zwei Waschlappen, Schwämme, Stoffe, Wattebällchen, geknülltes Papier … und eine große Glasschüssel mit Wasser
Die trockenen Gegenstände werden der Reihe nach befühlt und untersucht, wir lassen sie fallen, drehen sie um, werfen sie in die Luft, benennen sie, spielen mit ihnen, reichen sie einem anderen Kind weiter … Dann sagt die Pädagogin: „Jetzt machen wir einen Schwamm nass." Sie holt die Glasschüssel mit Wasser. Ein Kind drückt einen Schwamm ins Wasser. Die Kinder fühlen den nassen Schwamm, dann den trockenen, immer wieder. Was fällt den Kindern auf? Die Pädagogin spricht dazu, begleitet durch Fragen: Welcher Schwamm ist der trockene Schwamm? Welcher Schwamm ist der nasse Schwamm? …

Wasser marsch! – Entdeckungen am Waschbecken

Manchmal fügt es sich gut: ein interessantes Objekt ist bei der Hand, das Kind ist bereit für eine neue Entdeckung und lässt sich gerne auf Hinweise der Pädagogin ein. Ein solches Objekt kann beispielsweise das Waschbecken sein. Wie könnte eine Erkundung ablaufen, die sich vielleicht zufällig beim Händewaschen ergibt? Was lässt sich an einem Waschbecken alles entdecken? Hier ein paar Ideen:

Wasser ist nicht da, Wasser ist da

Wasser ist nicht da. Wir fragen die Kinder: Wo ist das Wasser? Wir demonstrieren sorgfältige Handhabung des Wasserhahns und drehen ihn behutsam auf. Das Wasser fließt, Wasser ist da!

Wasser ist da, Wasser ist nicht da

Wasser rinnt aus dem Wasserhahn. Die Pädagogin dreht den Wasserhahn behutsam zu. Das Wasser ist nicht mehr da.

Wasser einlaufen lassen

Wir können das Wasser einlaufen lassen und das Waschbecken mit etwas Wasser füllen. Wir tauchen die Hände ein und fühlen das Wasser. Die Pädagogin stellt Fragen: Sollen wir das Wasser wieder abrinnen lassen? Was müssen wir tun, damit das Wasser wieder abfließt? Wir öffnen den Abfluss, zeigen die Handhabung und lassen die Kinder ausprobieren. Wir lauschen dem Geräusch des abfließenden Wassers und ahmen es nach.

Das Wasser rinnt ab.

Wir untersuchen den Abfluss, während das Wasser abläuft. Welche Geräusche macht das Wasser, wenn es abfließt? Wir können das Wasser wieder einlaufen lassen, wenn wir den Abfluss verschließen. Wir ahmen die Geräusche des ein- und abfließenden Wassers nach.

Alle Aktionen lassen sich durch Geräusche, Worte oder Gesang begleiten:

Das Wasser ist nicht da. Das Wasser ist da. Das Wasser ist wieder weg!

Expedition Regentropfen

Es regnet lange und ausgiebig. Die Kinder schauen aus dem Fenster in die Regenlandschaft. Alles ist nass, tropfnass. Endlich regnet es nicht mehr und die Sonne kommt zum Vorschein. Diese besonderen Momente in der Natur verdienen es, mit erhöhter Aufmerksamkeit wahrgenommen zu werden! Sie sind für intensive Sinneswahrnehmungen besonders geeignet. Die Sonne, ihr Licht und die Wärme, diese spezielle Atmosphäre in der Natur nach einem starken Regen, die intensiven Gerüche, die dampfende Feuchtigkeit ... Diese nasse Welt muss erkundet werden!

Die Welt ist nass

Die Pädagogin beobachtet, was die Kinder von sich aus im Garten entdecken. Sie gibt Impulse: Tief einatmen, die Augen schließen, die feuchtwarme Luft spüren, die Augen öffnen, den Wind, die Wolken beobachten ... Welche Tiere sind nach einem langen Regen im Garten zu sehen? Der Regen macht den Garten nass. Was ist Regen? Was kommt da von oben herunter? Wir machen uns auf die Suche nach Regenpfützen. Wo sammelt sich das Wasser? Wir fühlen die nasse Welt. Wie fühlt sich Feuchtigkeit an: im Gras, an der Baumrinde, an Steinen? Wir sprechen über die Beobachtungen der Kinder, z.B: Holzbalken dampfen in der Sonne!

Wo sind denn die Schnecken?

Das Regenwetter liegt schon einige Zeit zurück. Neue Erkundungsmöglichkeiten tauchen auf, neuen Fragen kann nachgegangen werden: Was ist immer noch nass, was ist schon trocken? Die Pädagogin macht auf nasse und trockene Stellen aufmerksam. Wo sind denn die Schnecken? Welche Tiere sind nun zu sehen? Wie fühlt sich trockenes Gras an?

Regentropfen bewundern

Wenn bald nach dem Regen die Sonne scheint, ist die von Regentropfen glitzernde Welt ein sinnlicher Hochgenuss. Die Pädagogin beobachtet, ob die Kinder die Regentropfen von sich aus bemerken. Übersehen sie dieses Naturschauspiel, sollten wir die Kinder darauf aufmerksam machen! Wie nehmen die Kinder die Anregung auf? Später können wir die Erkundungen der Kinder durch Hinweise und bereitgestellte Materialien bereichern.

Regentropfen sammeln

Material: Ein durchsichtiger Becher für jedes Kind
Wieder hat es lange geregnet, doch nun scheint die Sonne. Also hinaus in den Garten, die Expedition Regentropfen kann beginnen. Wo sind sie zu finden? An den Spitzen der Blätter, an Gräsern, auf Blättern, die am Boden liegen, sie hängen in Spinnenweben, am Gartenzaun ... Wir können Regentropfen sammeln. Wer kommt mit? Jedes Kind bekommt einen Becher und sammelt Regentropfen.

Regentropfen betrachten, beschreiben, befühlen ...

Fragen und Bemerkungen der Pädagogin lenken die Aufmerksamkeit der Kinder. Wir nehmen einen Regentropfen in die Hand. Wie fühlt er sich an? Was passiert, wenn wir einen Regentropfen berühren? Ich sehe Tropfen, die glitzern und glänzen. Jetzt bewegen sich die Blätter des Baumes im Wind und schwere Tropfen fallen herab. Wir stehen unter dem Baum und werden nass.

Regentropfen selber machen

Material: Große Glasschüssel mit Wasser, Handtuch
Wir tauchen eine Hand in die Wasserschüssel ein. Dann ziehen wir die Hand mit den Fingern nach unten aus dem Wasser. Wassertropfen hängen an den Fingerspitzen. Wie fühlt sich das an? Wie lange dauert es, bis ein Wassertropfen von der Fingerspitze abfällt? Können wir die Tropfen abschütteln? Können wir sie durch starkes Pusten wegblasen?

Regen aus der Kanne

Material: Gießkanne, Gartenschlauch, Naturmaterialien (Sträucher, Blätter, Blumen, Gräser, Holzstecken ...)
An einem sonnigen Tag machen wir mit einer Gießkanne oder mit einem Gartenschlauch selber Wassertropfen und bespritzen Sträucher, Gräser, Blumen, Zäune ... Wo bilden sich Wassertropfen?

Tautropfen

Material: Durchsichtige Becher
An einem sonnigen Sommermorgen gehen wir auf die Suche nach Tautropfen und sammeln sie in unseren Bechern.

Tropfende Zapfen

Material: Eiszapfen, Becher
Eiszapfen bestehen aus vielen Wassertropfen. Wir sammeln Eiszapfen und lassen sie schmelzen. Schmilzt das Eis allmählich, bilden sich Wassertropfen. Wir beobachten, hören und spüren, wie sie tropfen. Mit dem Becher fangen wir die Eiszapfen-Wassertropfen auf.

Schneeflockenzauber

Material: Schnee
Plötzlich fallen weiche, weiße Flocken vom Himmel. Kinder im 2. und 3. Lebensjahr werden sich kaum mehr an den Schneefall im Vorjahr erinnern. Was für eine Aufregung! Etwas Neues, Ungewohntes geschieht. Das kann man nicht vom Fenster im Zimmer aus betrachten. Da muss jedes Kind hinaus und den Zauber vor Ort mit allen Sinnen und Gefühlen auskosten. Die Kinder spüren die Schneeflocken im Gesicht und an den Händen. Die Flocken lassen sich fangen, man kann sie auf der dunkeln Jacke betrachten. Wie reagiert jedes Kind auf dieses atemberaubende Ereignis? Schnee schmilzt und macht Gesicht, Hände und Kleidung nass.

Noch mehr Schnee

Material: Schwarzes Tonpapier, Lupe, Sandeimer, Schaufel ...
Später können dann die Schneeflocken intensiv studiert werden. Auf ein schwarzes Tonpapier lassen wir Schneeflocken fallen und betrachten sie anschließend mit der Lupe. Was geschieht mit den Schneeflocken?

Im Laufe des Winters wird Schnee zum beliebten Spiel- und Erkundungsmaterial: Schneespiele im Garten, Schneeskulpturen bauen, Schnee mit Schaufel in einen Sandeimer füllen, Schneekuchen backen, den Schnee mit ins Zimmer nehmen. Drinnen den Schnee beobachten. Was passiert mit ihm? Die Kinder staunen: Geschmolzener Schnee hinterlässt ja einen nassen Fleck!

Warm und kalt – Spiele rund um die Temperatur

Vor der Geburt spürt das Kind die gleichbleibende Wärme der Mutter. Das ändert sich abrupt mit dem Eintritt in eine Welt der Temperaturschwankungen, eine Welt, die abwechselnd warm, heiß und kalt sein kann. Kälte zu empfinden, ist eine neue fundamentale Sinneserfahrung für das neu geborene Baby.

Elementare Erfahrungen von Wärme und Kälte können spontan in den Alltag eingebaut werden. Wir halten Ausschau nach kurzen Bildungsmomenten. Oder beobachten, wo Kinder von sich aus Phänomene zu Wärme und Kälte entdecken.

Die Sonne wärmt

Material: Gegenstände und Materialien im Garten
An einem warmen Sommertag können wir im Garten die von der Sonne erwärmten Gegenstände und Materialien befühlen. Was entdecken die Kinder? Das Metall an der Rutschbahn ist sehr warm, die Steinplatten sind warm, die obere Sandschicht ist warm, hell und trocken, darunter ist der Sand kalt, dunkel und nass … Die Kinder entdecken bestimmt noch viel mehr.

Wichtig ist, über das Wahrgenommene auch zu sprechen. Die Pädagogin ist dabei Sprachvorbild. Sie bringt die Erlebnisse zur Sprache, auch wenn sich die Kinder mit ihrem eigenen aktiven Wortschatz noch nicht auf diese Weise ausdrücken können: „Die Rutschbahn ist sehr warm, die Steine sind ein bisschen warm, das Gras ist kühl, der Sand ist kalt …“

Sonnengewärmt und schattengekühlt

Simon (2,5 J.) ist im Sandkasten und sitzt auf dem großen Bagger. Dieser steht halb in der Sonne und halb im Schatten. Wir befühlen den Bagger. Hier ist er warm und da fühlt er sich kühl an. Wir benennen die Teile des Fahrzeugs. Die Schaufel ist warm. Das Vorderrad ist auch warm. Das Hinterrad ist kühl. Simon ist begeistert bei der Sache.

Im Sandkasten

Je nach Temperatur und Sonneneinstrahlung fühlt sich der Sand einmal warm und einmal kalt an. Im Sommer kann der Sand richtiggehend heiß werden, nach dem Regen ist der feuchte oder nasse Sand kühl. Kinder lieben Sand immer und überall. Was macht wohl die Attraktivität von Sand aus? Warum erliegen schon die jüngsten Kinder dem Charme dieses Materials? Im Sand lässt sich über die Temperatureigenschaften hinaus noch vieles andere entdecken und als Bildungsmoment nutzen.

Glitzerhände

An Jonas' (2 J.) Händen klebt nasser Sand. Wir betrachten gemeinsam seine Hände. Der Sand an seinen Händen glitzert in der Sonne. Das ist wunderschön. Glitzernde Hände! Andere Kinder kommen dazu. Sie wollen auch schauen und vielleicht aus ihren Händen ebenfalls Glitzerhände machen.

Mathematik

Was gehört nicht in den Sand? Wir sortieren aus: Steine, Blätter, Regenwurm, Holzstückchen ... Wir betrachten große, kleine und winzig kleine Sandkörner.

Nasser und dunkler, trockener und heller Sand

Wir fühlen den Sand in den Händen, lassen trockenen Sand durch die Finger rieseln. Wir wollen den nassen Sand durch die Finger rieseln lassen. Warum geht das nicht?

Sandknödel formen

Die Pädagogin formt Kugeln aus dem feuchten Sand. Die Kinder umringen sie, als sie die „Sand-Knödel“ entdecken. Alle wollen so einen Sandball haben. Die Pädagogin lässt Sand-Knödel vorsichtig in die Kinderhand gleiten. Einige der Kugeln zerfallen trotzdem. Alle wollen es noch einmal und noch einmal versuchen.

Schätze im Sand

Wir sammeln Steine, Rinden, Moos, Tannenzapfen ..., verstecken sie im Sandkasten und suchen sie danach wieder.

Spuren im Sand und anderswo

Jemand hat im Sand Spuren hinterlassen. Da ist etwas, wo vorher nichts war. Wir ertasten die Spuren, vergleichen sie mit anderen Spuren, fotografieren sie. Sind alle Spuren gleich? Woher kommen die Spuren? Vom Wind, vom Regen, von Tieren oder von anderen Kindern ...? Wir erkennen die Reifen der Fahrzeuge, die Striche, um Straßen zu markieren, mit Fingern gezeichnete Kreuze, Linien und Kreise ...

Kinder sind fasziniert von Spuren. Überall entdecken sie Spuren und hinterlassen selbst gerne Spuren: Im Schnee, im Sand, mit dem Stift auf dem Papier. Sie schaffen erste Zeichnungen und freuen sich daran, die eigene Handbewegung sichtbar zu machen: Hier war ich, das war ich, das kommt von mir!

Formen und Abdrücke

Sandformen geben dem Sand eine Gestalt. Die Gestalt sieht aus wie ein Kuchen, ein Auto ... Wir können leichte und schwere Dinge, wie Steine, Tannenzapfen, Blätter ..., in den Sand fallen lassen. Welche Abdrücke hinterlassen sie? Wir beschreiben, befühlen und zeichnen die Formen und Abdrücke und benennen sie.

Der Schnee schmilzt, der Eiszapfen taut

Material: Schnee, Eiszapfen

Schnee und Eiszapfen können spontan und doch bewusst, wann immer sich eine Gelegenheit ergibt, als Experimentiermaterial zum Erkunden von „warm“ und „kalt“ herangezogen werden. Schneeflocken schmelzen schnell in der warmen Hand, der Eiszapfen schmilzt langsamer, er macht die Hand kalt ...

Warme und kalte Hände

Material: Handschuhe

Wir wärmen die Handschuhe auf der Heizung vor, bevor wir sie anziehen. Wir greifen mit warmen Händen in den kalten Schnee. Aus warmen Händen werden kalte. Die kalten Hände können durch Reiben gewärmt werden. Die kalten Hände stecken wir in vorgewärmte Handschuhe oder legen sie auf die warme Heizung. Und wer will seine warmen Hände in kalte und nasse Handschuhe stecken? Brrr ...

Handschuhe im Sommer?

Material: Handschuhe

An einem warmen Sommertag ziehen wir den Kindern Handschuhe an, bevor es in den Garten geht: „Sonst bekommt ihr kalte Hände!“ Wie reagieren die Kinder? Kommt ihnen das ungewöhnlich vor? Verstehen sie den Spaß? Laufen sie mit den Handschuhen los und merken evtl. erst im Garten, dass sie sie gar nicht brauchen?

Warmes Wasser, kaltes Wasser, brrrrr!

Material: Waschbecken, Handtuch, warmes und kaltes Wasser, Becher
Beim Händewaschen kann sich nebenher folgende Situation ergeben: Ins Waschbecken lassen wir etwas warmes Wasser einfließen. Wir tauchen Hände und Arme ins Wasser und spüren die Wärme. Dazu sprechen und singen wir:
Warmes Wasser,
warmes Wasser,
feines warmes Wasser,
Aaaah!

Wir bewegen die Finger im warmen Wasser, lassen sie tanzen, schließlich bleiben die Finger ruhig liegen. Mit dem Becher gießen wir warmes Wasser über die Arme. Die Dauer der Erkundung gibt das Kind vor. Wir beobachten, wie lange es am Wasserspiel interessiert ist.

Ins Waschbecken lassen wir etwas kaltes Wasser einfließen. Wieder tauchen wir Hände und Arme ins Wasser und spüren diesmal die Kälte. Dazu sprechen und singen wir:
Kaltes Wasser,
kaltes Wasser,
feines kaltes Wasser,
brrrrrrr!

Rot ist warm und blau ist kalt

Material: Armatur mit roter und blauer Markierung
Im Waschraum macht die Pädagogin die Kinder auf Folgendes aufmerksam: Drehen wir am rot markierten Griff, kommt warmes Wasser. Drehen wir am blau markierten Griff, kommt kaltes Wasser.

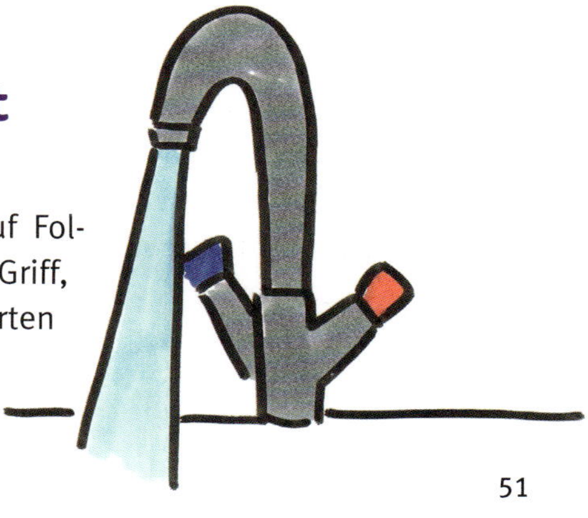

Blauer Punkt und roter Punkt

Material: Eine Schüssel mit warmem und eine Schüssel mit kaltem Wasser, ein roter und ein blauer Punkt, Handtuch
Am Tisch kann die farbliche Zuordnung auf eine neue Situation übertragen werden. Ein Kind fühlt das warme Wasser, danach das kalte Wasser. Die Pädagogin legt einen blauen und einen roten Punkt auf den Tisch. Sie beobachtet. Wartet ab. Sie kann auch fragen: Zu welcher Schüssel sollen wir den blauen Punkt hinlegen? Passt blau zu kaltem Wasser? Oder passt blau zu warmem Wasser? Die Erkundung begleiten wir wieder mit Gesang:

Kaltes Wasser – blauer Punkt,
warmes Wasser – roter Punkt.

Oder:
Blau, blau, blau – ist kalt, kalt, kalt.
Rot, rot, rot – ist warm, warm, warm.

Noch mehr Wasserhähne

Material: Weitere Wasserhähne
Wir gehen auf die Suche: Wo gibt es noch einen Wasserhahn mit rotem und blauem Punkt? Und wie ist es bei den Kindern zu Hause, bei den Großeltern oder bei der Freundin?

Können Kinder im 2. und 3. Lebensjahr rot und blau zu warm und kalt zuordnen? Ausprobieren, beobachten, es einfach versuchen. Die spannende Frage lautet: Wie wählen die Kinder wohl aus? Zufällig oder erinnern sie sich daran, die Farben am Wasserhahn im Waschraum schon einmal gesehen zu haben?

Warme und kalte Farbe

Material: Rote und blaue Fingerfarbe
Wir erwärmen die rote Fingerfarbe, die blaue Fingerfarbe wird im Kühlschrank gekühlt. Die Kinder malen mit beiden Farben. Dabei sprechen wir über die Empfindungen und singen:

Blau, blau, blau – ist kalt, kalt, kalt.
Rot, rot, rot – ist warm, warm, warm.

Rote und blaue Wärmflasche

Material: Eine rote und eine blaue Wärmflasche
Die rote Wärmflasche ist mit warmem Wasser, die blaue mit kaltem Wasser gefüllt. Wir befühlen die beiden Wärmflaschen, spielen damit, reichen sie herum. Wir sprechen über den Unterschied und singen dazu wie oben.

Hell und dunkel – Spiele mit Licht und Schatten

Eine andere fundamentale Sinneserfahrung von Geburt an ist das Erlebnis von Licht: Ein Kind wird in die helle Welt hineingeboren, es ist das erste Mal dem Tageslicht ausgesetzt. Ein Kind spürt auch die unangenehme Empfindung: Grelles Licht schmerzt. Das Kind erlebt den helllichten Tag und die stockdunkle Nacht. In der Nacht gibt es einzelne Lichtpunkte wie Straßenlaternen, die Scheinwerfer der Autos, das Mondlicht. In der Wohnung ändern sich die Lichtverhältnisse. Lampen verströmen Licht. Sie werden ein- und ausgeschaltet. Wir können diese elementaren Erfahrungen im Alltag mit Kindern in Bildungsmomenten gezielt erkunden.

Sonne und Wolken

Ein bewölkter Himmel, der starke Wind treibt Wolken vor sich her, die Sonne scheint, dann schieben sich wieder Wolken vor die Sonne. Ein rascher Wechsel von einer hellen, sonnendurchfluteten und schattenreichen Welt zu einer schattenlosen, in trübem Licht stehenden Welt. Die Welt mit Sonne und die Welt ohne Sonne. Die Sonne ist einmal da und einmal nicht, es wird hell und dunkel in rascher Folge. Diese Wetterlage ist eine ausgezeichnete Gelegenheit, ein aufnahmebereites Kind auf die besonderen Lichtverhältnisse aufmerksam zu machen, am besten draußen oder von einem gemütlichen Fensterplatz aus.

Die Sonne im Zimmer

Material: Taschenlampe; etwas abgedunkelter Raum
Diese Naturschauspiel der wechselnden Lichtverhältnisse kann nachgestellt werden. Mit der Taschenlampe stellen wir das Licht der Sonne dar und beleuchten mit ihr die Zimmerdecke. Die Sonne ist da und leuchtet. Da kommt eine Wolke und schiebt sich vor die Sonne. Wir dunkeln das Licht mit der Hand ab, weg ist die Sonne und es ist nicht mehr so hell. Dann zieht die Wolke weiter und es wird wieder hell. Wiederholen und dabei sprechen oder singen:

Die Sonne scheint hell,
da kommt eine Wolke ganz schnell,
versteckt die Sonne,
aus ist die Wonne.

Die Wolke zieht weiter,
schon wird es wieder heiter.
Hell strahlt die Sonne,
was für eine Wonne.

Ein Kind übernimmt die Taschenlampe. Wie stellt es dieses Naturschauspiel dar?

Augen auf und Augen zu

Wir können jederzeit, immer wieder zwischendurch, beim Warten oder Herumhängen, im Raum oder im Freien, den Unterschied zwischen hell und dunkel erkunden. Wir müssen nur unsere Augen auf- und zumachen.

Wir schließen die Augen, was sehen wir? Nichts als Dunkelheit. Wir öffnen die Augen, was sehen wir? Die bunte Welt! Dazu singen wir:

Augen zu, alles dunkel,
Augen auf: alles hell (bei „alles hell“ klatschen).

Oder:
Augen zu – dunkle Nacht,
Augen auf (Gähnen und Strecken) – aufgewacht!

Hell und dunkel, da und nicht da

Material: Keines
Die Erfahrungen von „hell und dunkel“ und „da und nicht da“ können kombiniert und gemeinsam erkundet werden. Die Pädagogin sitzt einem Kind gegenüber. Ihre Augen sind offen, sie sagt: „Alles ist hell und ich sehe Anna (Name des Kindes). Anna ist da“. Sie schließt die Augen und sagt: „Alles ist dunkel und ich sehe Anna nicht. Anna ist nicht da“. Später können sich auch zwei Kinder gegenübersitzen und mit Hilfe der Pädagogin das Spiel durchführen.

Meine Anna ist verschwunden

Meine Anna *(Name des Kindes)* ist verschwunden, *(Augen sind geschlossen)*
ich sehe keine Anna mehr,
ei, da ist die Anna wieder,
tralalalalalalala. *(Augen auf und klatschen)*
(Melodie nach dem Lied „Meine Hände sind verschwunden …“)

Hinweis: Manchen Kindern fällt es leichter, die Hände vor die Augen zu halten, statt die Augen zu schließen.

Schläfst du?

Beim Schlafen schließen wir die Augen. Dann ist es dunkel. Einschlafen, schlafen und wieder aufwachen ist für Kinder unter drei Jahren eine Erfahrung, der sie oft mit gemischten Gefühlen begegnen. Einschlafen, schlafen und aufwachen – dies hinterlässt tiefe Eindrücke. Spielerisch können die Erfahrungen nachempfunden und erweitert werden.

- Die Pädagogin schließt die Augen und legt ihren Kopf auf die zusammengefalteten Hände.
  Beim Singen von Schlafliedern, beim Erzählen von Gute-Nacht-Geschichten, in passenden Alltagssituationen ahmt sie das Schlafen nach. Das Kind kann dabei das „schlafende" Gegenüber studieren: Wie sieht ein Gesicht mit geschlossenen Augen aus?

- Das Kind spielt, dass es schläft. Die Pädagogin erzählt dazu eine kleine Geschichte, die das Spiel unterstützt: „Jonas (Name des Kindes) ist müde. Er legt sich hin, die Augen sind offen, alles ist hell. Er schließt die Augen, alles ist dunkel. Dann schläft er ein."

Mein Teddy ist müde

Material: Teddy, weiche Decke, Polster ...
Gemeinsam schaffen wir mit dem Kind/den Kindern eine feine, weiche, kuschelige Schlafgelegenheit. Die Puppe wird behutsam schlafen gelegt und zugedeckt. Wir wiederholen diese Handlung, so lange das Kind sie spannend findet. Denn Handlungen, die ein Kind von sich aus immer und immer wieder ausführen möchte, haben für dieses Kind zu diesem Zeitpunkt eine große individuelle Bedeutung.

Lichtspiele

Material: Abgedunkelter Ort, eine Taschenlampe für jedes Kind
Mit Licht spielen und selbst Licht machen ist für Kinder spannend. Das Kind erlebt sich als Auslöser von hell und dunkel, dunkel und hell.

An einem abgedunkelten Ort liegen Taschenlampen bereit. Was spielen die Kinder mit dem Licht einer Taschenlampe? Welche Entdeckungen machen sie? Die Pädagogin beobachtet, notiert ihre Beobachtungen und erzählt sie anschließend den Kindern.

Der Lichtschalter klickt

Material: Lichtschalter
Lichtschalter üben auf Kinder eine magische Anziehungskraft aus. Ist es die Tätigkeit des Schalterdrückens verbunden mit dem klickenden Geräusch? Oder ist es die Wirkung: Der Raum wird hell und wieder dunkel … Diesen alltäglichen Vorgang können wir immer wieder einmal zu einem bewussten Erlebnis machen.

Wo ist Schatten, wo ist Licht?

Schatten sind dunkle Flecken in einer hellen Umgebung. Oft sieht man Kinder mit ihrem Schatten spielen. Schatten sind ein faszinierendes und manchmal auch beängstigendes Phänomen. Bei Sonnenschein gibt es viele Gelegenheiten, die Kinder auf hell und dunkel, Licht und Schatten aufmerksam zu machen. Wir beobachten:

- Im Schatten großer Bäume ist es dunkel. Auf der Wiese im Sonnenlicht ist es hell. Der mit Sonnensegeln beschattete Sandbereich ist dämmerig. Die Kinder wechseln vom Licht in den Schatten und vom Schatten in das Licht. Sie tragen Sonnenhüte, der Kopf und der Hals werden beschattet. Gegenstände werfen Schatten auf die sonnige Terrasse. Der Schatten der Kinder läuft mit. Der Baumschatten bewegt sich im Wind.

- Wir machen Kinder auf Schattenwürfe aufmerksam und warten ab, wie sie auf die Hinweise reagieren. Sind sie fasziniert von diesem Hell und Dunkel, den Schattenwürfen im Licht der Sonne, die sie vielleicht zum ersten Mal bewusst wahrnehmen? Oder haben sie anderes, zur Zeit für sie Wichtigeres, im Blickfeld?

Schattenspiele im Zimmer

Material: Overheadprojektor
Schatten bleibt gewiss spannend für Kinder. In den Innenräumen können sie ihre Beobachtungen von draußen vertiefen und neue Erfahrungen machen. Ein Overheadprojektor ist die Lichtquelle. Das Licht erhellt eine Wand. Welche Schattenspiele werden die Kinder von sich aus erfinden? Was werden die Kinder mit ihrem Schatten alles ausprobieren? Die Pädagogin beobachtet die Kinder und macht Fotos. Später zeigt sie den Kindern die Fotos, fragt nach und erzählt ihnen von ihren Beobachtungen.

Sich bewegen und bewegt werden – Spiele rund ums Rollen, Rutschen, Transportieren

Ein Kind macht im Laufe der ersten Monate eine atemberaubende Bewegungsentwicklung durch und entwickelt eine Fülle an Bewegungsformen. Wie viele Glücksmomente muss ein Kind bei neu entdeckten Bewegungen empfinden: Sich krabbelnd fortbewegen, aufstehen, erste Gehversuche ... Aufbruch zu neuen Ufern! Mit jeder neu gelernten Bewegung erweitern sich der Erfahrungsraum, die Denkrichtung, das Gesichtsfeld, die Handlungsmöglichkeiten, der Aktionsradius. Neue Einsichten und Kenntnisse entstehen und bewirken einen gewaltigen Entwicklungsschub. Jede neue Bewegung ist also auch eine neue Denkbewegung, birgt neue Möglichkeiten, sich die Welt anzueignen und zu verstehen. Das schon Bekannte mit neuen Erfahrungen zu verbinden, ist eine höchst komplexe Integrationsleistung.

Kinder nehmen nicht nur den eigenen Körper in der Bewegung intensiv wahr, sie sind auch fasziniert von der bewegten Welt um sie herum. Bewegungsformen lassen sich vielseitig erkunden. Draußen und drinnen können Bewegungsformen beachtet, beobachtet, erkundet und nachgeahmt werden.

Robben, rutschen, rollen ...

Material: Matten, geeignete Turngeräte und Behelfsmittel aller Art, draußen und drinnen

Krabbeln, robben, rutschen, rollen, sich aufrichten, den Kopf heben, drehen, schwingen, gehen, hüpfen, laufen ..., ein Kind soll überall seiner Bewegungslust nachgehen können.

Die Welt bleibt – die Perspektive verändert sich!
Im ersten Lebensjahr wird das Kind überwiegend im Zimmer und Garten herumgetragen, es liegt im Bett und schaut auf die Decke und um sich herum, wird im Kinderwagen durch den Park gefahren, wird in die Höhe gestemmt und gedreht, hebt den Kopf und krabbelt, zieht sich hoch ... So erlebt es im Alltag viele Perspektiven. Und trotzdem bleibt die Welt die gleiche, stehen die Gegenstände immer an der gleichen Stelle. Nur der Blickwinkel, die Perspektive ändert sich.

Perspektivenwechsel

Material: Fernglas
Die Perspektive zu wechseln kann bewusst in den Alltag eingebaut werden:
- Vom Hügel hinunterschauen.
- Den Hügel hinaufschauen.
- Im Garten auf der Anhöhe den Überblick über das Geschehen haben.
- Aus dem Fenster schauen.
- Ins Fenster hineinschauen.
- Die Treppe nach unten gehen und hinaufschauen.
- Die Treppe hinaufgehen und hinunterschauen.
- Auf dem Boden liegen, wie sieht das Zimmer jetzt aus?
- Auf der Empore, wie sieht der Raum von oben herab aus?
- Auf der Decke liegen und den Himmel betrachten.

Ein Fernglas für die weite Welt.

Was bewegt sich denn da?

Zufällige Bewegungsformen ergeben sich tagtäglich in großer Vielfalt (manchmal kann natürlich auch ein Gegenstand von der Pädagogin wie zufällig in Bewegung versetzt werden). Hier fällt ein Gegenstand zu Boden und rollt weiter. Dort beginnt sich ein schnell hingelegtes Spielzeug um sich selbst zu drehen. Ein schräg aufgestellter Deckel schwingt nach oder kommt von selbst in Schwingung ...

Zufällige Bewegungen beobachten

Material: Ein Gegenstand, der sich zufällig bewegt

Zufällig entstandene Bewegungen können bewusst wahrgenommen werden. Ein Kind hat die Bewegung gesehen, zwei andere Kinder schauen auf und bemerken sie auch. Die Pädagogin erkennt den Bildungsmoment. Sie gibt dem Zufall Raum, lässt ihn auf die Kinder wirken: Wir können still stehen und uns ausschließlich dieser einen Sache widmen, die der Augenblick bereitgestellt hat, dem Klang der Bewegung lauschen, beobachten, warten, bis der Gegenstand wieder zur Ruhe gekommen ist.

Zufälligen Bewegungsformen nachspüren

Die Kinder probieren mit Hilfe der Pädagogin, die zufällige Bewegung des Gegenstandes nachzustellen. Wie muss der Gegenstand gehalten werden, damit die gleiche Bewegung erneut ausgelöst wird? Wir lauschen noch einmal dem Klang, ahmen ihn nach und beobachten die Bewegung.

Zufällige Bewegungsformen nachahmen

Kinder können Bewegungen von Gegenständen mit dem eigenen Körper nachahmen und darstellen. Durch Nachahmung entsteht ein inneres Bild der Bewegung: So fühlt sich also hin- und herwackeln an. Das Kind erlebt an sich selbst die zufällig beobachtete Bewegung.

Rollen
Rollende Objekte haben eine große Anziehungskraft auf Kinder. Säuglinge folgen mit den Augen rollenden Gegenständen. Sie beobachten: Rollende Objekte kommen näher und entfernen sich wieder, sie rollen an mir vorbei, von mir weg oder auf mich zu. Später krabbeln sie rollenden Gegenständen hinterher, wollen sie einholen, stoppen und ergreifen. Die Bewegungsform Rollen kann über gezielte Materialangebote vielseitig erkundet werden. Welche Entdeckungen werden die Kinder machen?

Der Ball rollt

Material: Mehrere Bälle, in verschiedenen Größen und aus unterschiedlichen Materialien

- Im Bewegungsraum liegt zunächst ein einzelner Ball. Was werden die Kinder mit dem Ball anfangen? Einen Ball ins Rollen bringen, macht zuallererst Spaß. Doch im Umgang mit einem Ball können noch andere Erfahrungen gemacht werden: Ein Ziel anpeilen, Konzentration und Koordination, Einschätzung der Rollbahn, den Ball anstoßen, ihm Schwung geben, das Ziel erreichen wollen. Oder einen zugerollten Ball stoppen und zurückrollen.
- Später liegen mehrere Bälle im Bewegungsraum. Was werden die Kinder nun mit

den Bällen ausprobieren wollen? Die Kinder bringen die Bälle ins Rollen, sie beobachten die Bewegung. Beim Spiel der Kinder mit den Bällen greifen wir ihre Ideen auf, probieren sie aus, variieren sie und sprechen darüber.

Rund und eckig

Material: Verschiedene Gegenstände, runde, ovale, halbrunde (Bälle, Reifen, Topfdeckel, Klopapier- oder Versandrollen, Jogurtbecher ...), aber auch eckige Gegenstände (Bauklötze, Legosteine, Schuhkarton ...)

Die Gegenstände liegen im Bewegungsraum. Wir erforschen unterschiedliche Bewegungsformen. Welche Gegenstände lassen sich rollen? Welche nicht? Was entdecken die Kinder? Wir erkunden den Unterschied zwischen rund und eckig und sprechen darüber. Wir sortieren die Gegenstände in zwei Gruppen, in rollende und nicht rollende Gegenstände.

Mein Körper rollt

Material: Matten

Die Kinder sind „Bälle“. Sie rollen wie ein Ball. Wie fühlt sich Rollen an? Wir rollen vor und zurück und hin und her. Ein Kind rollt ein anderes Kind und wird anschließend selbst gerollt.

Rollen im „Tunnel“

Material: Ball, große Schachteln

Wir rollen den Ball durch eine auf zwei Seiten offene große Schachtel wie durch einen Tunnel. Der rollende Ball ist zu hören, aber nicht immer zu sehen. Im „Tunnel“ ist die Sicht auf den rollenden Ball unterbrochen. Wo kommt der Ball wieder zum Vorschein?

Rollen und Rutschen

Material: Turnmatte

Schnelles Rutschen kennen die Kinder von der Rutschbahn. Man kann auch in der Ebene rutschen. Rutschen ist nicht Rollen, worin liegt der Unterschied? Abwechselnd können die Kinder über eine Matte rollen, dann auf dem Hosenboden über die Matte rutschen. Die Pädagogin begleitet die Bewegungsexperimente der Kinder, spricht dazu und fasst die Erfahrungen der Kinder in Worte.

Rollen und Drehen

Material: Deckel von Dosen

Deckel rollen und kommen am Ende ihrer Rollbewegung manchmal ins Drehen. Zusammen mit den Kindern beobachten wir die Dynamik der Bewegung und achten darauf, wann aus der rollenden eine drehende Bewegung wird: Zuerst rollt der Deckel, dann dreht er sich um sich selbst, zuerst schnell, dann immer langsamer, schließlich liegt er ruhig auf dem Boden.

Mein Körper rollt und dreht sich

Material: Matte

Die Kinder ahmen die Bewegung des Deckels mit dem eigenen Körper nach. Wie der Deckel im Experiment vorher rollen die Kinder über die Matte, am Ende drehen sie sich um sich selbst und bleiben dann ruhig liegen.

Rollen auf der Rampe

Material: Rampe, verschiedene Bälle
Auf einer schiefen Ebene verändert und beschleunigt sich die Rollbewegung. Wir lassen Bälle eine Rampe hinunterrollen und beobachten sie dabei. Welche Ideen entwickeln die Kinder mit einer Rampe und Bällen? Die Ideen der Kinder greifen wir auf und integrieren sie in das Spiel.

Die Treppe hinunter

Material: Ball, Treppe
Wie rollt der Ball die Treppe hinunter? Wie weit rollt der Ball am Ende der Treppe? Rollt der Ball oder hüpft er die Treppe hinunter? Wir experimentieren miteinander und fassen die Beobachtungen in Worte.

Entdeckerboxen

Zu den verschiedenen Bewegungsformen können wir Entdeckerboxen anlegen, die für die Kinder immer zum Experimentieren bereitstehen.

Entdeckerbox Rollen

Material: Runde Badeschwämme, Bälle jeder Größe, Bälle mit unterschiedlichen Oberflächen, aus verschiedenen Materialien, Bälle mit Dellen, Bälle mit viel und wenig Luft, runde Hölzer, Versandrollen, Krimskrams aus dem Alltag, der sich irgendwie zum Rollen eignet oder auch nicht.

Entdeckerbox Drehen

Material: Deckel und Kreisel aller Art, Gegenstände, die sich mehr oder weniger gut drehen lassen

Entdeckerbox Hüpfen

Material: Bälle aus unterschiedlichen Materialien, Gegenstände, die mehr oder weniger gut hüpfen.

Rolle, rolle, hin und her

Die Erfahrungen der Kinder beim Experimentieren mit Bällen und anderen rollenden Gegenständen können wir immer durch (Sprech-)Gesang begleiten:

Rolle, rolle, hin und her, hin und her,
rolle hin und rolle her,
rolle her und rolle hin,
rolle, rolle, hin und her, hin und her …

Ich rolle, du rollst, wir rollen – was rollt noch?

Material: Matte, rollende Gegenstände
Ein Kind rollt über die Matte. Ein anderes Kind rollt über die Matte. Zwei Kinder rollen über die Matte. Die Kinder suchen sich einen der bereitliegenden Gegenstände aus und rollen ihn über die Matte. Dazu singen wir:

Ich rolle, du rollst, wir rollen, was rollt noch? – Ein Ball rollt noch!

Das gleiche Spiel kann auch zu den Bewegungsformen Rutschen, Hüpfen, Drehen etc. gespielt werden:

Ich rutsche, du rutschst, wir rutschen, was rutscht noch?
...
Ich hüpfe, du hüpfst, wir hüpfen, was hüpft noch?
...
Ich drehe mich, du drehst dich, wir drehen uns, was dreht sich noch? ...

Transportieren

Auch Transportieren ist für Kinder eine spannende Form von Bewegung. Etwas zu transportieren ergibt sich im Alltag oft ganz von alleine. Mit Feuereifer bringen Kinder Gegenstände von einem Ort zum anderen. Lustvoll stellen sie Dinge um. Es ist das Tätigsein, das dem Kind Freude bereitet. Es kann seine Kraft einsetzen und Veränderungen bewirken. Ein Kind, das tief versunken Dinge transportiert und umstellt, braucht den Schutz der Pädagogin, um seinem Tun in aller Ruhe nachgehen zu können.

Umstellen

Material: Große und kleine Schachteln, Stühle, Boxen, Kisten, kleine Tische ...
Die Materialien stehen bereit. Die Pädagogin kann die Kinder ermuntern, die Gegenstände umzustellen. Sie beobachtet die Kinder beim Umbau der Gegenstände und dokumentiert ihre Aktivität. Wie werden die Eltern staunen, wenn sie ihr Kind als tatkräftige Akteure auf den Fotos entdecken!

Wer transportiert noch?

Material: Müllauto, Servierwagen ...
Transporte unterschiedlichster Art können wir auch im Alltag immer wieder mit den Kindern beobachten. Wir überlegen gemeinsam: Wer transportiert alles Dinge?

- Zum Beispiel Ameisen: Wie machen sie das? Was transportieren sie? Wohin transportieren sie die Dinge?

- Oder die Müllabfuhr: Sie kommt und nimmt den Abfall mit. Sie transportiert ihn weg.
- Ein Servierwagen transportiert das Mittagessen der Kinder.
- Der Bagger transportiert Erde oder Sand.
- Die Kinder werden mit dem Auto von einem Ort zum anderen, von zu Hause in die Kita oder zu den Großeltern gebracht.

Ich bin das Müllauto und bringe den Müll weg

Material: Müllauto, Servierwagen …

Die Kinder beobachten gezielt Transporte im Alltag: Das Müllauto kommt gefahren, bleibt stehen, leert die Mülltonne, fährt weiter. Der Servierwagen wird hereingefahren, das Essen verteilt, der Servierwagen wird wieder hinausgeschoben. Die Ameise transportiert ein kleines Stück Apfel. Dann verschwindet sie in einem Mauerspalt. Die Pädagogin schlägt den Kindern vor, in die verschiedenen Rollen zu schlüpfen: Wie ein Müllauto, wie ein Servierwagen, wie eine Ameise etc. bringen sie Gegenstände von einem Ort zum anderen.

Wind – Bewegung in der Natur

Auch in der Natur gibt es vielfältigste Formen von Bewegungen, langsame, wie etwa das Wachstum der Pflanzen, und schnellere, die beispielsweise durch Wind verursacht sind. Manche Dinge werden vom Wind bewegt, andere nicht. Im Garten oder vom Fenster aus können die Kinder vom Wind ausgelöste Bewegungen verfolgen. Windbeobachtungen können an windigen und weniger windigen Tagen gemacht werden – wann und wo es sich gerade ergibt. Die Kinder entdecken von sich aus vom Wind bewegte Dinge oder sie werden von der Pädagogin darauf aufmerksam gemacht.

Der Wind weht

Wir spüren den Wind, im Gesicht, an den Händen. An einem windstillen Tag spüren wir ihn nicht. Die Kinder beobachten, was der Wind an ihnen selbst bewegt, was an den anderen Kindern: Werden die Haare bewegt, das Kopftuch, die Jacke, die Hose? Welche Geräusche macht der Wind? Können wir sie nachmachen? Wir laufen mit dem Wind und laufen gegen ihn. Wir suchen eine windgeschützte Stelle. Wo ist der Wind jetzt? Was bläst der Wind durch die Luft? Zum Beispiel Löwenzahnsamen! Die Kinder laufen den fliegenden Löwenzahnsamen nach, holen sie ein und fangen sie.

Was bewegt der Wind?

Was wird vom Wind bewegt? Wir beobachten mit den Kindern gezielt das Umfeld. Wir schauen zu, wie ein Laubblatt vom Wind weggeblasen wird. Wir beobachten den Rauch, wie er kerzengerade aus dem Kamin aufsteigt, dann vom Wind verblasen wird. Vieles wird vom Wind bewegt: Die Schneeflocken tanzen und wirbeln herum, Fahnen flattern, Wolken ziehen über den Himmel ...

Wie bewegt der Wind die Dinge? Wir finden Worte für die vom Wind ausgelösten Bewegungen: Flattern, zittern, hin- und herbewegen, drehen, wirbeln ...

Wir machen die unterschiedlichen Bewegungen mit dem eigenen Körper nach.

Windexperimente

Material: Bunte Federn, Watte, verschiedene Papiersorten, bunte Kartonstreifen, Seifenblasen, bunte Tücher und Bänder, Windrad, Luftballon, leichte Bälle, Papierbälle, Wollknäuel, verschiedene Naturmaterialien (Moos, Blätter, Gräser, Heu, Zweige, Kastanien, Tannenzapfen ...)

Wir legen die Gegenstände draußen zuerst einzeln, dann auch gleichzeitig aus und beobachten, ob und wie der Wind sie bewegt. Später stellen wir Fragen: Wird der Wind die Feder bewegen, sie wegblasen, fliegt sie gar fort? Werden wir sie wieder einfangen können? Wird der Wind das trockene Laubblatt wegblasen? Welche Dinge bewegt der Wind: Die Feder, den Karton oder die Kastanien? Wir beobachten genau: Der Wind bläst die Feder etwas fort, dann bleibt sie liegen, dann bewegt sie sich wieder, aber diesmal in eine andere Richtung, sie wird hochgehoben, dreht sich ...

Wir sind selbst die Feder und bewegen uns so, wie sie vom Wind bewegt wurde.

Ich bin der Wind und puste

Material: Wie bei „Windexperimente“ (Seite 75)
Nach dem Erlebnis im Garten können Kinder im Raum ihre Windbeobachtungen nachstellen. Sie spielen Wind und bringen Dinge durch Pusten in Bewegung. Welche Entdeckungen machen die Kinder dabei? Wie stark müssen sie blasen, um beispielsweise eine Feder auf dem Tisch fortzubewegen? Die Pädagogin kann die Beobachtungen aus dem Garten in Erinnerung rufen: „Der Wind hat die Feder weggepustet und nun pustest du die Feder weg.“ usw.

Wie bewegen sich Tiere?

Wir beobachten die Bewegungsformen der Tiere. Wie bewegt sich eine Schnecke, eine Heuschrecke, ein Regenwurm, wie ein Schmetterling, eine Biene?

Wir bewegen uns wie eine Schnecke, eine Heuschrecke, ein Schmetterling und finden Worte: Kriechen wie die Schnecke, hüpfen wie die Heuschrecke, flattern wie ein Schmetterling ...

Kleintiere im Garten – Erste Projektarbeit mit Zweijährigen

Die Kinder entdecken in der Krippe im Sand Regenwürmer. Kathrin nimmt einen Regenwurm auf die Sandschaufel und bringt ihn zur Wiese. Die Kinder staunen und schauen interessiert, als ich einen Regenwurm vorsichtig aufnehme und in der Hand halte. Neugierig betrachten sie ihn. Alle Kinder finden das, was vor ihnen krabbelt, sich windet, rollt, hüpft, fliegt ... interessant. Wie kann daraus eine in die Tiefe gehende, weil über einen längeren Zeitraum anhaltende Untersuchung mit allen Sinnen werden?

Projektarbeit mit Zweijährigen?

Auch mit den Unter-Dreijährigen können wir durch projekthaftes Vorgehen die Welt intensiv erkunden. Beim Thema „Kleintiere im Garten“ sind Kinder begeistert bei der Sache.

Dieses Interesse an Kleintieren und wie eine anregende Begleitung der Kinder durch die Pädagoginnen aussehen kann, wird in der amerikanischen Fachzeitschrift „Young Children“ beschrieben (Ft: Foster Shaffer Lauren; Hall Ellen; Lynch Mary: Toddlers’ scientific explorations. Encounter with insects. Young Children, Nov. 2009, S. 18–23. Den folgenden Text habe ich frei übersetzt.)

Asseln, Spinnen, Regenwürmer & Co.

Die Kinder entdecken im Garten eine tote Kellerassel. Sie suchen weiter, finden jedoch keine weitere Assel. Dann, eines Tages kommt der zweijährige Colin gerannt, und ruft: „Eine Spinne, eine Spinne!“ Tatsächlich, an der Wand ist eine Spinne, sie bewegt sich nicht. Trotzdem, die Kinder sind erneut interessiert. Eine Woche später dann entdecken die Kinder eine lebendige Assel. Zwei Wochen später erregt eine Ameisenstraße, die durch den Spielplatz verläuft, ihre

Aufmerksamkeit. Die Kinder sind fasziniert und aufgeregt. Das Thema Insekten, Spinnen, überhaupt kleine Tiere, hat sie erfasst.

Wenn Kinder als neugierige und kompetente Individuen gesehen werden, dann wird ihnen auch zugetraut, dass sie Lernprozesse selbst steuern können. Dafür brauchen sie Weggefährten, andere Kinder und Pädagogen.

Beobachtungen und Impulse

Im Verlauf des Projekts wechseln sich Beobachtungen und Impulse der Pädagoginnen ab. Die Pädagoginnen beobachten, was Kinder entdecken, was sie interessiert und was sie herausfinden. Dazwischen geben sie immer wieder die Erkundungen weiterführende Impulse.

Die Kinder suchen im Garten überall Insekten: Unter den Steinen, auf der Erde, an der Baumrinde, zwischen Gräsern ... Ein Marienkäfer krabbelt auf dem Arm, ein Regenwurm schaut aus dem Erdreich hervor. Die Kinder nehmen ihn vorsichtig auf, fühlen ihn in ihrer Hand. Sie finden Spinnen, Asseln und Ohrwürmer. Die Kinder stellen fest: Manche Kleintiere leben versteckt unter Steinen oder Holzplanken, andere krabbeln frei sichtbar auf der Erde oder im Gras. Die Kinder beobachten, fragen und experimentieren:

- Wenn ich die Assel berühre, rollt sie sich zu einem Ball zusammen.
- Wenn ich meine Hand flach halte, krabbelt sie herum.
- Was passiert, wenn ich sie auf den Boden gebe oder in die Hand meines Freundes?

Die einen Kinder möchten Kleintiere suchen, die anderen wollen sie nur beobachten, wieder andere möchten ihnen Wohnungen bauen.

Welche Impulse geben die Pädagoginnen? Wie unterstützten sie das Lernen der Kinder?

Sie fördern den Austausch unter den Kindern: Sie initiieren Gespräche, etwa über besondere Eigenschaften eines Tieres. Sie stellen offene Fragen über Verhaltensweisen der Tiere, die die Kinder beobachtet hatten. Sie hören sich die Vermutungen der Kinder an, wie die Tiere leben, wie es ihnen geht usw. Sie organisieren Material, beispielsweise Pfeifenputzer. Die Kinder stellen dann mit Pfeifenputzern Regenwürmer dar – wie sie sich bewegen, krümmen, einrollen.

Was passiert noch in diesem Projekt?

Kleintiere und Insekten werden in den Gruppenraum gebracht. Damit eröffnen sich neue Möglichkeiten des Erkundens. Nun können die Tiere auch anderen gezeigt werden, etwa den Eltern. Die Eltern sind erstaunt, wie begeistert ihre Kinder sind, und vertiefen zu Hause das Interesse ihres Kindes. Einige Kinder bringen von zu Hause Insekten mit. Gemeinsam werden die Tiere in der Krippe beobachtet und dann wieder freigelassen. Nachschlagwerke, Geschichten und Lieder vertiefen die Erkundungen.

Dokumentieren

Die Pädagoginnen fotografieren und dokumentieren die Lernwege der Kinder, ihre Beobachtungen und Fragen und wie sich ihre Kenntnisse erweitern. Beim gemeinsamen Betrachten der Dokumentation stellen die Kinder neue Fragen. Die Kinder wollen an Hand der Fotos ihre Erfahrungen immer und immer wieder besprechen. Sie entwickeln dabei neue Ideen. Auf Plakaten fassen die Pädagoginnen Dokumentationen zusammen. Plakate werden im Gang und im Zimmer aufgehängt.

Zeichnungen

Die Pädagoginnen laden die Kinder dazu ein, Kleintiere zu malen. Zeichnen ist ein wichtiges Instrument, um Erfahrungen festzuhalten und zu vertiefen. Durch die Lupe entdecken die Kinder Details an den Tieren. Vergrößerte Tierfotos inspirieren die Kinder zum Zeichnen. Die Zeichnungen der Kinder bringen Einzelheiten wie Farbe und Körperform der Tiere zum Ausdruck. Ginas Zeichnung eines Tausendfüßlers zeigt ihr Verständnis über die vielen Beine auf beiden Seiten des Körpers. Clara malt einen Tausendfüßler in ihrer Lieblingsfarbe Lila, Nico eine Heuschrecke mit Rädern. Er verbindet seine Vorliebe für Autos mit seinem neuem Verständnis für Heuschrecken.

Im Winter

Im Winter verlor sich das Interesse der Kinder an Kleintieren. Doch die Fotos lagen immer noch herum und erinnerten die Kinder an ihre Entdeckungen. Die Kinder suchten weiter und sprachen über die Tiere. Und sie fragten sich, wann sie wohl wieder kommen würden. Sie meinten, die Tiere seien sicher schlafen gegangen, als sie nicht mehr zu sehen waren. Und sie nahmen an, sie seien irgendwo im Haus versteckt, weil es draußen so kalt war. Der Winter verging. Dann fand Colin eine Spinne. Die kriechenden, krabbelnden Freunde waren wieder da und mit ihnen neue Erkundungen, Fragen und Erfahrungen.

Grundsätze einer individualisierten Pädagogik der erhöhten Aufmerksamkeit

Am Ende dieses Buches über elementare Erfahrungen von Kindern im zweiten und dritten Lebensjahr möchte ich einige Grundzüge der hier beschriebenen individualisierten Pädagogik der erhöhten Aufmerksamkeit in konzentrierter Form zusammenfassen und darüber hinaus weitere Gedanken zur Diskussion stellen. Diese Zusammenfassung soll die aktuelle Auseinandersetzung um Betreuung und Bildung der Unter-Dreijährigen in Fachkreisen und Elternrunden anregen und bereichern.

1. *Individuelle Kontaktaufnahme und Beziehungspflege*

Es ist immer das einzelne Kind vor dem Hintergrund seiner je eigenen und für das Kind speziellen Familie, das im Mittelpunkt steht! Der Grundsatz der individuellen Kontaktaufnahme und Beziehungspflege ist m. E. noch kaum in der Praxis angekommen. Hier gilt, es kreativ, über die Grenzen von „Einrichtungen" hinaus und vor allem vom Kind aus zu denken. Nach wie vor befürworte ich beispielsweise „Hausbesuche" vor Krippen- bzw. Kindergartenbeginn, nach dem Motto „Jedes Kind da abholen, wo es steht."

2. *Eine sichere Basis für Erkundungen und Trost aufbauen.*

„Du kannst mir vertrauen, was auch passiert, ich bin für dich da".
Zum Thema Bindung gibt es umfangreiche Forschungsarbeiten und Publikationen, vor allem was die Mutter-Kind-Bindung betrifft. Für den Krippenbereich stellt sich die Situation völlig anders dar. Es ist eine äußerst vielschichtige und für das einzelne Kind überlebenswichtige Aufgabe, zu einer bis zum Krippeneintritt fremden, außerhalb der Familie stehenden Betreuungsperson eine sichere Vertrauensbasis aufzubauen.

3. *Persönliche Bezugsperson für jedes Kind werden und sein.*

Diese Beziehungsform zeichnet sich u. a. dadurch aus, dass das Kind die Initiative ergreift und seine Pädagogin an seinen Weltentdeckungen teilhaben lassen möchte. Es sucht von sich aus den Austausch. Das Kind ist gespannt darauf, wie die Pädagogin auf seine Entdeckungen reagiert. Und umgekehrt lässt es sich gerne von der Pädagogin auf etwas hinweisen. Als seine persönliche Bezugsperson macht sie das Kind auf interessante Dinge aufmerksam. Sie stellt Material bereit, weil sie denkt, es könnte das Kind interessieren und seine Erfahrungen erweitern.

4. Ein beschäftigtes, an einer Sache interessiertes Kind nie unterbrechen.

Vielleicht können wir uns in diesen Grundsatz am besten einfühlen, wenn wir uns selbst beobachten. Wie geht es uns, wenn wir Erledigungen, die wir uns vornehmen, nicht zu Ende führen können? Einmal unterbrochen, finden wir schwer wieder hinein in das konzentrierte Tun. Werden wir andauernd unterbrochen, werden wir unzufrieden und verlieren allmählich die Lust daran, die selbst gestellte Aufgabe zu lösen. Kleinstkindern ergeht es nicht anders. Sie stellen sich so viele Aufgaben, denen sie in Ruhe nachgehen möchten.

Das zarte Pflänzchen „Aufmerksamkeit“ muss in den ersten drei Jahren bei jedem Kind gehegt und gepflegt werden. Denn unser ganzes Leben hindurch brauchen wir die Fähigkeit der Konzentration auf eine Sache!

5. Genau hinschauen, was das Kind beschäftigt, und überlegen, wie das Kind weitergeführt werden kann.

Ein beschäftigtes Kind sagt so viel aus! Es offenbart sich in seinem Tun. Aber dieses Tun muss interpretiert werden. Pädagoginnen müssen immer wieder Vorstellungen entwickeln, was dieses Tun für dieses individuelle Kind bedeuten mag und wie das Tun dieses Kindes entwicklungsfördernd weitergeführt und begleitet werden kann.

6. Spontane Bildungsmomente im Alltag erkennen und sie dem Kind „anbieten“.

Bei der Bildung der Unter-Dreijährigen geht es nicht in nur um das individuelle Kind und seine Entdeckungen, sondern auch um spontane Bildungsanlässe, die von außen auf das Kind zukommen. Sie kommen auf leisen Sohlen und das Kind würde sie ohne die aufmerksame Pädagogin oft übersehen. Und sie kommen mit großer Eindringlichkeit und bedürfen der Vermittlung durch die Pädagogin, im Sinne von: „Was hat das Ganze zu bedeuten? Erkläre es mir bitte.“ Spontane Bildungsmomente bestechen durch ihre Authentizität und sind dadurch von ungeheurem Wert. Die Ernsthaftigkeit und die Sinnzusammenhänge ergeben sich aus der Sache heraus. Auf lange Sicht nimmt das Kind die Gewissheit mit, dass es sich lohnt, das Umfeld genau zu beobachten und sich auf spontane Begebenheiten einzulassen. Auch für einen Erwachsenen kann beispielsweise die Regentropfen-Glitzerwelt ein kurzer Hochgenuss im hektischen Alltag sein.

7. Beobachten, wie das Kind darauf reagiert, und daraus pädagogische Schlüsse ziehen.

Wie reagiert das Kind auf spontane Bildungsmomente? Klingt etwas bei ihm an? Wird ein Nerv getroffen? Wird ein neues Interesse geboren? Welcher Impuls führt das Kind nun weiter? Hat die Pädagogin eine weiterführende Anregung parat? Könnte dieser kleine Impuls passen? – Oder reagiert das Kind eher beiläufig auf einen spontanen Bildungsmoment, weil es eben dafür zur Zeit keine Antenne hat? Diesen Fragen sollten Pädagoginnen immer wieder nachgehen. Sie machen aus dem Alltag mit Kindern ein hochkomplexes Forschungsfeld.

8. *Ansatzpunkte für Bildungsmomente können elementare Erfahrungen sein.*

Elemantare Erfahrungen haben Kinder schon in den ersten Lebensmonaten gemacht: Vertrautes ist da und nicht da, nass und trocken, hell und dunkel, verschiedene Bewegungsformen ... Diese Erfahrungen können im 2. und 3. Lebensjahr draußen und drinnen mit allen Sinnen erweitert werden. Sie bilden eine Grundlage für eine Pädagogik für Kinder unter drei Jahren.

9. *Zeit haben und sich Zeit nehmen – denn nichts ist wichtiger, als ein Kind seinen eigenen Lernrhythmus finden zu lassen.*

Diese Maxime passt anscheinend so gar nicht in unsere hektische Zeit. Kinder sind von klein auf mit dem rasanten Tempo unserer modernen Gesellschaft konfrontiert. Umso mehr muss hier bewusst ein Gegengewicht zur vorherrschenden Zeitströmung gesetzt werden. Jedes Kind sollte alle Zeit der Welt haben dürfen, um sich auf seine spezielle Weise in das Weltgeschehen einarbeiten zu können.

10. *Die Interaktion jedes einzelnen Kindes zu den anderen Kindern muss vorwiegend positiv erlebt werden.*

Ziel ist es, eine Gemeinschaft von Lernenden anzubahnen und zu pflegen. Die Pädagogin ist Vermittlerin und Moderatorin von sozialen, emotionalen und kognitiven Gruppenprozessen. Jedes individuelle Kind in die Gemeinschaft von Kindern einzuführen, es seinen Platz in der (kleinen) Kindergruppe finden zu lassen, ist eine wichtige Aufgabe. Es geht um vielseitige Kontaktaufnahme und -pflege und Kommunikation, es geht darum, sich in

die Bedürfnisse und Beweggründe des anderen Kindes einzufühlen und seine Sicht auf die Dinge verstehen zu lernen.
Kinder brauchen Weggefährten, sie brauchen den Austausch über Erfahrungen auf gleicher Ebene und Wellenlänge. Kinder sind für Kinder eine enorme Anregung. Das ergibt sich aber selten von alleine, sondern muss von den erwachsenen Bezugspersonen in konstruktive Wege geleitet und begleitet werden.

Literatur

Birckmayer, J.: Kennedy, A.; Stonehouse, A.: From Lullabies to Literature. Stories in the Lives of Infants and Toddlers. naeyc 2008

Burtscher, Irmgard Maria: Der Kindergarten – ein Ort zeitgemäßer Bildung?! Ein Beitrag zur Professionalisierung von ElementarpädagogInnen. Dissertation, Innsbruck 2001

Burtscher, Irmgard Maria: Entdeckungsreise in die Welt. Eltern sind die ersten Lehrer. Wien 2004

Burtscher, Irmgard Maria: Das große KITA-Bildungsbuch Naturwissenschaft, Mathematik und Technik. München 2008

Elschenbroich, Donata: Schweitzer Otto: Im Frühlicht. Die ersten drei Lebensjahre als Bildungszeit. Film, DJI 2005

Foster Shaffer, Lauren: Hall, Ellen; Lynch, Mary: Toddlers' Scientific Explorations. Encounters with Insects. Young Children, November 2009

Galinsky, Ellen: Mind in the making. The seven essential life skills every child needs. naeyc 2010

Lally, Ronald J.: The Science and Psychology of Infant-Toddler Care. Zero to Three, November 2009

Nutbrown, Cathy: Threads of Thinking. Young children learning and the role of early education. PCP 2003

Raikes, Helen H.: Edwards Pope, Carolyn: Extending the Dance in Infant & Toddler Caregiving. Enhancing Attachment & Relationships. naeyc 2009

Zur Autorin

Dr. Irmgard Maria Burtscher ist Elementarpädagogin und arbeitete als Ausbildungskindergärtnerin und Heilpädagogin. Heute ist sie als Referentin in der ErzieherInnen-Fortbildung und in zahlreichen Gremien zu Bildungsfragen in der frühen Kindheit engagiert.

Der kleine Käfer

Ein kleiner Käfer klettert munter
den Baum hinauf, den Baum hinunter.
Auf einem Blatt ruht er sich aus
beim Blätterschmaus.

Dann krabbelt er aufs nächste Blatt,
aufs nächste Blatt,
aufs nächste Blatt,
bis er genug gefressen hat.
Jetzt ist er satt.

Er schläft
und bleibt ganz reglos liegen
und lässt auf seinem Blatt im Wind sich wiegen
und träumt, dass Vögel ihn nicht kriegen.

Die Finger der einen Hand klettern hinauf und wieder hinunter. Die andere Handfläche wird als Blatt ausgestreckt, und der „Käfer“ krabbelt darauf herum.

Für die nächsten Blätter krabbeln die Finger ein Stück weiter, machen eine kleine Pause, und krabbeln wieder weiter.
Schließlich streichen wir über unseren satten Bauch.
Wir legen zum Schlafen den Kopf auf die gefalteten Hände, machen die Augen zu und wiegen uns leise hin und her.

Die Schnecke

Die Schnecke, die Schnecke
kriecht langsam um die Ecke,
das Blatt hinauf und rundherum,
und oben kehrt sie wieder um.

Die Schneck ist keine Schnelle,
sie kommt kaum von der Stelle.
Sie trägt so schwer
ihr Haus, seht her.

Doch wenn sie einmal Hunger hat,
sucht sie zum Knabbern sich ein Blatt.

Und stört sie jemand, sagt sie: „Nein!
Ich kriech jetzt in mein Haus hinein."

Unser ausgestreckter Zeigefinger kriecht als Schnecke. Die Faust der anderen Hand stellt das Haus dar. Wenn sich die Schnecke versteckt, ziehen wir den Finger in die Faust hinein.

Lied: Der Regen

Der Regen

Tropf, tropf, tropf,
es regnet auf den Kopf.
Auf Arme und auf Hände
regnet's ohne Ende.

Auf den Rücken, auf den Bauch
fallen Regentropfen auch.

Fällt ein Tropfen auf den Fuß,
mag ich nicht mehr – sage: Schluss!
Der Regen soll zu Ende sein.
Ich mag jetzt lieber Sonnenschein!

Wir tippen mit dem Zeigefinger dreimal auf den Kopf. Wir tippen auf Arme und Hände, auf Rücken und Bauch, auf den Fuß. Wir schütteln den Kopf und stampfen mit dem Fuß auf. Mit beiden Armen beschreiben wir einen großen Halbkreis über dem Kopf.

Krippenkinder betreuen und fördern

Kompakte Informationen für Erzieherinnen und Eltern

88 Seiten, farbige Fotos
ISBN 978-3-7698-1839-0

Klanggeschichten für Krippenkinder

100 Seiten, Notensatz, farbige Illustrationen
ISBN 978-3-7698-1837-6

Fingerspiele und Bewegungsverse für die Krippe

96 Seiten, farbige Illustrationen
ISBN 978-3-7698-1840-6

Mit Reihengeschichten, Lautgeschichten, Erzählkittelchen

100 Seiten, farbige Fotos und Illustrationen, inkl. CD-ROM
ISBN 978-3-7698-1838-3

Rituale, Spiele und Lieder für Krippe, Kita und Eltern-Kind-Gruppen

112 Seiten, farbige Illustrationen, inkl. Musik-CD
ISBN 978-3-7698-1866-6

Die schönsten Ideen für Krippe, Kita und Eltern-Kind-Gruppen

96 Seiten, farbige Illustrationen
ISBN 978-3-7698-1855-0

DON BOSCO

LEBENDIG. KREATIV. PRAXISNAH.

Spaß mit Bewegung und Musik

Kreisspiele und Spiellieder

Bewegungsspaß für den Kindergarten

ca. 128 Seiten, kartoniert, Illustrationen,
ISBN 978-3-7698-1857-4

Diese Spiele fördern neben musikalischen, sprachlichen, sozialen und motorischen Kompetenzen auch Konzentration, Merkfähigkeit und das Gefühl für Mengen und Zahlen.

Tierische Kli-Kla-Klanggeschichten

120 Seiten, kartoniert, Notensatz, Illustrationen
ISBN 978-3-7698-1793-5

Wie klingt das Schleichen einer Katze, das Stampfen des Elefanten oder der Flügelschlag des Schmetterlings? Diese Klanggeschichten machen Kinder auf spielerische Weise mit Orff-Instrumenten vertraut.

Kinder spielen mit Orff-Instrumenten

55 Klanggeschichten und weiterführende Spielideen

106 Seiten, kartoniert, Illustrationen
ISBN 978-3-7698-1610-5

Kinder experimentieren mit Klängen und erleben, wie das Orff-Instrumentarium spielerisch eingesetzt werden kann. Das erfordert Konzentration, schult den auditiven Sinn und verbessert die Feinmotorik.

www.donbosco-medien.de

DON BOSCO

LEBENDIG. KREATIV. PRAXISNAH.